U0148224

双辽历史文化之旅

刘欣 刘爽◎主编

安徽师范大学出版社
ANHUI NORMAL UNIVERSITY PRESS

·芜湖·

图书在版编目(CIP)数据

双辽历史文化之旅 / 刘欣,刘爽主编. —芜湖:安徽师范大学出版社,2023.8
ISBN 978-7-5676-6099-1

Ⅰ.①双… Ⅱ.①刘… ②刘… Ⅲ.①地方文化—文化史—双辽 Ⅳ.①K293.44

中国国家版本馆CIP数据核字(2023)第182652号

SHUANGLIAO LISHI WENHUA ZHI LU

双辽历史文化之旅

刘 欣 刘 爽◎主编

责任编辑:潘 安 责任校对:翟自成
装帧设计:张 玲 姚 远 责任印制:桑国磊
出版发行:安徽师范大学出版社

芜湖市北京中路2号安徽师范大学赭山校区 邮政编码:241000

网　　址:	http://www.ahnupress.com/
发 行 部:	0553-3883578　5910327　5910310(传真)
印　　刷:	苏州市古得堡数码印刷有限公司
版　　次:	2023年8月第1版
印　　次:	2023年8月第1次印刷
规　　格:	700 mm × 1000 mm　1/16
印　　张:	12.5
字　　数:	156千字
书　　号:	ISBN 978-7-5676-6099-1
定　　价:	49.00元

凡发现图书有质量问题,请与我社联系(联系电话:0553-5910315)

本书编委会名单

主　　编：刘　欣　　刘　爽

副 主 编：李晓亮　　郝　威　　白　艳

　　　　　薛艳华　　李乃冰

委　　员：刘宏宇　　闫薇薇　　田劲松

　　　　　高　焱　　袁天荣　　张文婷

　　　　　胡丽莉　　杨晓丽

特邀编辑：李子奎

序

研究双辽的历史，要放在中国历史的长河中加以看待。

早在旧石器时代，大型的野生动物猛犸象、披毛犀、野牛在双辽广袤的原野上驰骋，它们的头骨变成化石完好地保存在我们的博物馆。原始社会的猎人用简单的生产工具进行渔猎，鱼骨化石成为我们研究那个时期的文物。后太平遗址的发现，可以将双辽的历史追溯到商周时期。这一时期的遗址在双辽较多，仅后太平遗址群就由13个大大小小的遗址组成。这说明双辽那时候就是一处水草丰盛、宜人安居的地方。

秦统一以后两千多年的封建社会历史，东北各民族的先民大多在双辽驻足过，他们在双辽的大地上留下了丰富的历史文化遗产。当地出土的青铜短剑，就是东胡人的遗物；红旗街道桑树村发现的莲瓣纹瓦当、文字瓦、鸱尾，服先镇出土的镂空剑鞘铜饰，红旗街道出土的鸱吻，都具有渤海文化的特点；辽代时居住在双辽的有契丹人、渤海人、女真人、汉人，还有突厥人、党项人等，是民族大融合的时期，出土的重熙通宝、咸雍通宝、大康通宝、天庆通宝等，都使用汉字，这是汉族对辽人具有深刻影响的例证；在红旗街道出土的"征行万户之印"铜印，是金初设置的世袭军职，为地方最高行政长官和最高军事长官，从军事组织方面看，万户比都统设置得早；双辽发现的辽金时期遗址丰富，出土了大量文物，说明这一时期是双辽的鼎盛时期。

进入元代后，双辽被蒙古人统治。统治者进入双辽后，多杀掠、屠城，使社会经济遭到巨大的破坏，渤海、辽、金时代的地面建筑多被摧毁。

在明初，元末的残余势力聚集在"金山"一带。据《明史》记载，纳哈出"拥十万众屯金山"，实际上有部众二十余万，是东北地区元末势力最强大的一支。纳哈出以金山为基地，开始"营于新泰州"（今白城市洮北区城四家子古城）。屯驻金山，以东西辽河为屏障，以新泰州为大本营，这是纳哈出根据战略需要而采取的主要防范措施。清代阿桂在《钦定满洲源流考》中记载，金山即今吉林省双辽市东北辽河北岸之额勒金山，又名勃勃图山。洪武二十年（1387年），朱元璋命冯胜为征虏大将军，傅有德、蓝玉为左、右副将军，并令南雄侯赵庸、江阴侯关良、关阳公常茂、曹国公李景龙、申国公祁镇率兵20万，进攻盘踞在金山一带的纳哈出势力，大败纳哈出于双辽一带。1978年在义顺村出土了一枚"沿海处防千户之印"铜印，为元顺帝时所造，当时沿海处防不在双辽一带，应是元朝驻防在其他沿海的势力依附纳哈出而聚集在金山的证据。又，《明史纪事本末·故元遗兵》记载：元太尉纳哈出在明军攻占大都（今北京）后，曾拥兵十万屯金山，洪武二十年为明朝大将军冯胜在金山所败，并收降。冯胜给明太祖开列的收降物品清单中就有"金银铜印一百颗"。在这一带还出土过许多铁箭镞，从侧面证实双辽曾为元末明初时期之重要战场这一历史事实。明军大败纳哈出于金山后，到1388

年，统一了东北，奠定了明代在东北地区的统治。

在清代，双辽之地为奉天将军管辖，系内蒙古哲里木盟科尔沁部左翼硕达尔汗王及博多勒葛台亲王的游牧处所，属温都尔郡王领地。据《蒙古风俗鉴》记载，孝庄文皇后的故里在大、小哈拉巴山之间，当在双辽范围内。当地民间传说川头村为庄妃祖籍地，村里人讲，过去这里有包氏家庙，村头有上百座蒙古贵族坟墓，至今村中仍有清代留下的诸多石质的拴马桩。当时双辽地方空旷，人烟稀少，民间有"过了法库门，只见牲口不见人"的说法。

乾隆以后，关内大批的汉族农民突破种种人为障碍而进入东北各地，进入双辽一带的，主要是山东、河北的破产农民。由于土地兼并、苛捐杂税以及天灾，他们挑担、背包，步行而来。据《鸡林旧闻录》记载："肩负行囊，手持一棒，用以过岭作杖，且资捍卫。"刚进入双辽的农民，据《吉林通志》记载：始而为佣工远出投身服役，继而渐向旗人佃种田亩。而《清高宗实录》记载：借旗佃之名，额外开荒，希图存身，旗人亦借以广取租利，巧为庇护。有的汉族人在荒山旷野建造窝棚，聚族而居，并在其附近从事烧荒开垦。居住的人家越来越多，形成村落，这些窝棚的名称，便以最早在这里定居的某家窝棚为名。如在红旗街道的金喇嘛窝棚、黑喇嘛窝棚、张喇嘛窝棚，在茂林镇的丁家窝棚，等等。据统计，到1948年，双辽市内叫"窝棚"的村屯竟然高达84个，约占双辽村屯总数的一半。

双辽的历史文化，内容极其厚重，影响极其重大，是中华民族历史的重要组成部分，在我国北方历史中理应占有重要位置。当有人与我们谈起其他地方，让我们感叹那些地方传统文化的浓烈氛围，说起他们本地的历史，都能娓娓道来，如数家珍，对文物古迹、历史人物表达得有声有色，相比较而言，能说清我们双辽自己历史文化的来龙去脉的就很少了，特别是对清代以前的表述更是过于笼统和模糊。但是，我们丰富多彩的历史是生动存在着的，只是因为我们自己对这段历史不够了解，没有进行深入的研究，或者在对历史文化的普及上方法不当、力度不足，不为大家所接受。我们既不能完整地把历史展现给大家，又与大家保持着距离，有些人对自己的历史很"陌生"，这不能不说是一件憾事。

《双辽历史文化之旅》一书，旨在展现双辽独特的历史传承，记述双辽自远古以来的人类活动，让多年来历史学家研究、发掘、积累的成果呈现于普通受众，以简约贯通、完备充实的特点，突出各时期双辽的发展状况及时代特征，使双辽往事不再是镜中之花、水中之月。

笔者特别需要交代以下两点。

现代以来，双辽曾经是中共西满分局、西满军区，中共辽吉省委、辽吉军区，中共辽北省委、辽北省一地委的所在地。中共辽北省委在双辽建立了东北地区第一所行政干部学校——辽北学院。辽北学院的创建及其以后的发展，为东北和全中国的解放以及社会主义建设，培养了一大批党政领导人才，一度被誉为"小黄埔军校"。双辽地区曾经是现代革命的重要战场，很多革命先辈在这里英勇奋战，为了崇高的革命理想，不惜抛头颅、洒热血，谱写出一首首战歌。限于精力，本书暂不涉及双辽地区的现代革命史部分；为了弥补遗憾，我们选取一些小故事，以缅怀曾经在这里战斗过的革命先辈，也以飨读者。

　　双辽，在历史的长河中，其行政区划是不断变化的，在不同的历史时期其具体范围不同。因此，本书所说的"双辽"，并非简单等同于当今的"双辽市"，而是涉及曾经相关的温都尔郡王领地、昌图厅、昌图府、康平县、辽源州、辽源县、双辽县、辽源市、辽西省、辽吉省、辽北省、吉林省等，可谓是不同历史时期的不同行政区划之合称，如此才能做到充分地、全面地展示这一片热土的历史文化。

　　希望读者能够认真阅读，有所收获！

隽成军

2022 年 12 月 2 日

目　录

第四编

第五编

第一编

双辽气候、地貌与环境的形成

现在的双辽市，位于吉林省西部，东经123′20″—124′05″，北纬43′20″—44′05″。地处科尔沁沙地与松辽平原接壤带，东西辽河流域汇流区。属吉林、辽宁、内蒙古的交界处，其南接辽宁省昌图县和吉林省梨树县，东与吉林省公主岭市接壤，北邻吉林省长岭县，西连内蒙古通辽市的科左中旗、科左右旗。地势由东北向西南逐渐低下。双辽市虽属松辽平原的一部分，但由于风积土等影响，大部分为沙垄地形，平原地只占全市的七分之一。

全市东西最宽62千米，南北最长89千米，辖区面积为3121.2平方千米。全市辖6个街道、12个乡镇。

双辽市属于中温带半湿润半干旱季风气候，春季干燥多风，夏季湿热多雨，秋季燥热少雨，冬季严寒少雪。年平均气温5.6℃，最低月气温为一月份（零下15.5℃），最高月气温为七月份（23.7℃）。年平均气温在0℃以上的日数为224天，年积温3087.4℃，无霜期145天。年平均降水量463.9毫米，降水集中，雨量充沛，年内分布极不平均，六至八月份平均降水量318.1毫米，占全年的69%；作物生长期四至九月份，月平均降水量418.3毫米，占全年的90.2%，干燥度为1.23，属于半干旱草原区，全年平均大于八级以上的大风日为70.1

天，其中三至五月份40天，占平均大风日数的57.1%，常常出现剥蚀表土、毁种的现象。

双辽市的地貌类型为堆积地形，根据各地段发育历史、第四系沉积物结构及地表形态可划分为3种形态类型：分布于中部和北部的冲积湖平原，包括砂坨地、微起伏平地、洼地等；分布于西南一角的风冲积平原；呈带状分布于东辽河、西辽河和新开河的河谷冲积平原。

双辽市地质条件的显著差异，影响与控制地下水的形成和分布，导致区域内水文地质条件复杂，广泛分布的第四系松散堆积层，缺乏厚而稳定的隔水层，各水层间有较为密切的水力联系，普遍赋存孔隙潜水。服先—茂林一线是松辽台地的分水岭，地下水从服先向茂林流；茂林—卧虎是辽河平原隆起的过渡带；红旗—秀水一线是东西辽河的分水岭，分水岭以南属东辽河流域，以北属西辽河流域。由于水文地质条件的局限性，全市分成四个水文地质区：东辽河丰富潜水区、西辽河较富潜水区、西部半承压水区、中部较贫半承压水区。

自有人类活动以来，因气候波动，双辽大致经历了恢复、发展到破坏等地貌环境与气候变化。新石器时代至青铜时代，属气候温暖期。在长时期水热条件逐渐良好的情况下，植被覆盖面积逐步扩大，形成森林草原、疏林草原与草甸草原相间的景观。汉鲜卑时期，在气候史上属寒冷期，地貌植被逐渐退化，出现荒漠草原、疏林草原与森林草原相杂的景观。北魏至辽代早期，气候逐渐温暖，植被得到恢复，草木相杂。辽代后期，特别是金代时期，气候变冷，地貌植被再次退化，草原大部分消失，被流动沙丘取代，呈现荒漠草原和疏林草原相间的景观。元代，植被缓慢恢复；明代晚期，流动沙丘逐渐固定下来；到清末时，荒漠草原基本消失，形成森林草原、疏林草原和草甸草原相杂的景观。1912年以后，人为破坏严重，地貌植被急剧退化，主要以荒漠草原为主，间有草甸草原和疏林草原。

流经双辽的主要河流及辽河水运

双辽市境内有东辽河、西辽河、新开河、温德河、清河等河流。西辽河和东辽河自古是科尔沁草原通往中原的交通要道。辽河水运上的运输线有"沙荒宝路"之美称。

宣统元年（1909 年），辽河溯航到郑家屯街得到了政府许可，由下游来的船舶可以在郑家屯街市以东的一段河道中停泊，装卸货物便利，因而郑家屯成为闻名遐迩的水旱码头和物资集散地。郑家屯街市车水马龙、商贾云集，逐渐成为东北的贸易中心。经济的发达，吸引了来自辽南、辽西的大批汉人迁居郑家屯，他们开始经营丝纺、杂货、食盐等生意，榨油、酿酒、熟制皮革、木器加工等得到了长足发展，郑家屯人口增长较快，各行各业兴旺发达，一些有名气的老字号商行、厂店开始兴隆，如于凤至的父亲于文斗开办的"丰聚长"、名厨"三家王"主灶的饭馆"聚盛成"等都久负盛名。

一、东辽河

东辽河，汉代称南苏河，明代称艾河，清代称赫尔苏河、黑尔苏河、东辽河。东辽河发源于吉林省东辽县的吉林哈达岭山脉小寒葱顶子峰东南萨哈岭五座庙福安屯附近，源区海拔高度360米。自河源向西，河流穿过深谷，经杨木嘴子流向西北，再经二龙山穿越中长铁路，逐渐流入平原，经城子尚河道后逐渐转向西南，形成一弓形，过三江口河道向南而下，最终在铁岭市昌图县长发乡福德店与西辽河汇合。

东辽河是双辽市与吉林省梨树县、辽宁省昌图县的界河，流经吉林省辽源市区、辽源市东辽县、四平市伊通满族自治县、公主岭市、四平市双辽市（这里的"双辽市"属于县级市）以及辽宁省铁岭市昌图县，全长360千米。

东辽河在双辽境内长72千米，流域面积960.35平方千米，占双辽市总面积的31%。东辽河河道弯曲系数为1.3，多年平均流量变差系数为0.5，在双辽市王奔镇的丁家窝堡屯东南，穿过平齐铁路桥出四平市境，流入内蒙古自治区科尔沁左翼后旗和辽宁省昌图县，与西辽河汇流。

东辽河多年平均含沙量2.11千克/立方米，年输沙量134万吨。河水含沙量较大，河底逐年淤高，河槽由窄深式向宽浅式演变。据民国《双山县乡土志》记载：河身宽处五丈，窄处三丈有奇，水清而深可五尺。春日冰开复暑，雨后鲤鳞逾尺，鲫鱼尤多，居人捕之，日可三五十斤，味复甘嫩。可见，当时水量大，水产丰富。今东辽河太平水文站测流断面，河槽宽74米，深2.7米，河槽水深不足1米。清河嘴处断面，河槽宽74米，深2.9米。

在双辽市境内，东辽河自新立乡荷花村入境，流经柳条、东明等乡镇，于王奔镇三江口铁路桥出境。市内有温德河（一排干）、二排干、三排干汇入。

1934年，东辽河堤防开始修筑。施工时，土地大户各修各的，标准不一，堤防曲折，质量差。1936年，东辽河堤防长度104千米。1949年以后，双辽人民政府发动沿河群众，对东辽河原有堤防裁弯、整修、加固。1956年对老背河嘴至三江口铁路桥段堤防整修、加固。1958年，东辽河沿河各村对境内堤防进行了整修、加固。1965年，按照吉林省水利勘测设计院《东辽河流域规划》，对东辽河河堤进行全面整修、加固和部分窄口退堤。1986年7月30日大洪水，产生堤决口7处，回水堤决口22处。同年11月15日至1987年8月10日，历时数月，完成了东辽河堤防工程的整修加固，通洪标准达到900立方米/秒。

二、西辽河

西辽河是辽河的上游，位于我国东北地区西部，大兴安岭山脉与燕山山脉之间，流域面积约为13.6万平方千米，占辽河流域的43%。西辽河在双辽市那木斯蒙古族乡的白市村入境，流经双辽市的卧虎镇、那木斯蒙古族乡、红旗街道、王奔镇，又于那木斯蒙古族乡金宝村平齐铁路白沙桥出境，流入内蒙古自治区。在双辽市总长44.2千米，流域面积2140.51平方千米（含市内新开河流域面积）。

据史料记载，西辽河的上游老哈河森林茂密，支流西拉木伦河上游呈草原生态，西辽河为窄式河道。西辽河流域的主要河流有西拉木伦河和老哈河。"西拉木伦"汉语意思就是"黄河"，史称"乐水"（西汉）、"饶乐水"（东汉）、"洛环水"（北魏）、"弱洛水"（北魏）、"潢水"（唐代）、"枭罗个没里"（辽代）、"失烈母林"（清代）、"什拉磨楞"（清代）、"舍力莫河"（清代），它是西辽河北面的源头。

东辽河、西辽河在辽宁省康平县汇合后，至开原接纳了清河，进入马峰沟，往西注入泛河、意路河，再经法库、新民、辽中到三岔河，汇合浑河、太子河，再蜿蜒曲折经田庄台流入营口。辽河水量变化很大，三、四月份解冰期和七、八月份雨水期水量大，入秋水量减少，九、十月份比较平稳，十一月份接近结冰，到十二月份全河封冻。辽河水运历史悠久，最早起于汉代，因其地理位置优越，故在军事、政治上均居重要地位。

在近代，在中长铁路和沈山铁路建设之前，辽河是东北地区南北的重要运输动脉。西辽河最北的码头就设立在郑家屯，码头地点位于西辽河右岸、城东3里的刘家沟。这个码头始建于1909年，设置后，郑家屯商务繁忙，水运发达。码头距营口水路航线大约719千米。航线上的船舶主要有槽船和牛船两种：槽船，又叫槽子，方形、平底，有1根樯，小槽载重量为50石，大槽载重量为150石，船员一般为4人；牛船，又叫牛子，舳舻与槽船相同，载重量为30—90石。在辽河上航行的船只，多为辽河沿岸的商人所有，一般商家有一二只，大户商家有十五六只。后来，通往营口的码头有几十个。据有关资料记载，在辽河上航行的牛船达6000只，槽船达8000只，往营口去的船只一年往返8次。冬季结冰期，郑家屯码头桅杆林立，往来的船只停靠岸边，几乎有掩盖河面之势。

经双辽运往营口的货物主要是豆类。双辽一带及内蒙古的大豆质量好，成为商家争相抢购的物品。据史料记载，每年运往营口的大豆有5万石，烧酒2.1万斤，豆饼、高粱等不计其数。在郑家屯货场，大豆堆积如山，河中船只穿梭不停。

"河载豆"，就是商人、船主用船运输豆类，一般船主就是货主。有的豆商为增加重量，采用狡猾的手段，用河水把大豆弄湿以增加斤两，这在当时成为"公开的秘密"。在交易过程中，必须经过经纪人之手才能成交，时间久了，经纪人就发展出粮店的形式（当时叫"经纪房子"），他们就是专门做"河载豆"和其他杂粮生意的中间人。当时在郑家屯的"经纪房子"有很多。

自从铁路修通后，特别是中华民国初年之后，辽河逐年淤浅，河道移动，致使通航河段逐渐缩短，辽河航运日渐衰微，大有不振之势。之后数年内，辽河航运逐渐关闭，河道淤浅，整个辽河不能通航。

19世纪后，清政府推行放荒招垦政策，造成严重的水土流失，大片的草原变成沙漠。1917年8月，一场大水（郑家屯站洪水流量3600立方米/秒）过后，西辽河演变为宽浅式摆动型河道。1924年，东辽河、西辽河交汇点由三江口北移至辽宁省的古榆树镇，下移了10千米。1938年，双辽市合力村段的西辽河由白市村经合力村前流向马家坨子，河道摆动3000米以上。1964年以后，上游的红山水库控制了洪水，西辽河枯水期呈周期性，下游河道流量变小，河道两侧杨树、柳树开始生长，杂草丛生。据郑家屯水文站1961—1990年记载，西辽河之水每年平均含沙量为3.21千克/立方米，年输沙量为151.8万吨。

西辽河最早一段堤防在白市村至三门王家，建于1924年。这段堤防是奉系军阀吴俊升主持修建的，长5.5千米，平均高2米。1948年，西辽河在白市村段发生决口，1949年发生洪水。为解决西辽河洪水灾害，双辽县人民政府呈请辽西省农业水利局帮助制定西辽河堤防规划设计，双辽县依据该局按照 1949 年西辽河水位 117.36 米、洪峰流量 3000 立方米/秒标准设计，于 1952 年完成修建任务。

三、新开河

新开河，原名清河，为东辽河支流，从内蒙古自治区入双辽市境内，在双辽市王奔镇的清河嘴注入东辽河。1949 年在西拉木伦河口处修建分洪工程，将西拉木伦河的水分入清河，同年，在卧虎镇敖吉村将河道改道，进入西辽河，使清河改道为西辽河支流，河流名称改为新开河。以东辽河、西辽河和清河汇流而得名的辽宁省三江口镇，就"名不副实"了。在 1949 年以前，新开河深 4—5 米，河底为泥，有多个泉眼，河道较为稳定。

新开河是双辽市与内蒙古自治区科尔沁左翼中旗的界河，在双辽市卧虎镇的同乐村入境，流经卧虎镇的红星村、东兴村，在东方红村流入西辽河。新开河河道全长 23.5 千米，流域面积 1 497.87 平方千米。双辽市的服先镇、茂林镇涝区排干及永加乡、卧虎镇涝区的 5 条排干的排水都汇入新开河。新开河上游水土流失严重，河道时常干涸，成为季节性河流。

四、温德河

温德河，又叫一排干，发源于秀水乡和公主岭市玻璃城子乡，流域面积 537.32 平方千米，全长 66.30 千米，经秀水乡、双山镇、新立乡、柳条乡，在新立乡和柳条乡的交界处汇入东辽河。长发渡槽以上为自然河道，以下为人工河道。

五、清河

清河上游于1949年部分改道入西辽河，下游经双辽市卧虎镇到清河嘴入东辽河。敖吉村—贾家村段为自然河道，贾家村段—清河嘴为人工河道。

六、二道河子

二道河子，又称狼洞子河，经八里营、后衙门村、马家村、六马架北，到汲水泡子，流入温德河。双辽市的柳条乡、新立乡、东明镇的群众习惯称之为二道河子。

双辽市周边的七座火山

双辽市周边有7座火山，分别是大哈拉巴山、小哈拉巴山、玻璃山、大吐尔基山、小吐尔基山、敖宝山、勃勃图山。这7座火山是东北松辽平原南部的一个火山群，属于盾状火山熔岩锥。岩性、构造单一，喷发于新生代早期，含有超镁铁岩包体，火山岩属于碱性玄武岩石类。7座火山排列如七星北斗的形状，故双辽市有"七星落地"之说。

一、大哈拉巴山

大哈拉巴山，坐落在吉林省双辽市辽河农场东北，距离双辽市区50千米，S105国道路北。其地理坐标为：东经124.0382°，北纬43.7377°。山体占地面积538920.995平方米，合808.37亩。山脚占地周边长度3.2千米，海拔254.4米。西南距离勃勃图山45千米，西北距离小哈拉巴山12.4千米。（参见图1）

"哈拉巴"系蒙古语，"哈拉"是"黑色"的意思，"巴"是"虎"的意思，"哈拉巴"即"黑虎"之意，山的形状像黑虎躺卧之态，因而得名。大哈拉巴山在金代时改称为"金山"，元、明、清一直沿用，但是民间始终称其为大哈拉巴山。清代张穆在《蒙古游物记》中将此山记为人射山，是契丹人军事出征前会兵之地，是出征、誓师之处，施放"射鬼箭"宣誓军事征伐。

图1 大哈拉巴山

当年辽太祖耶律阿保机在此集结军队誓师出发去攻打渤海国。这座山距离当时渤海国扶余府的距离是8天的陆路行程。按照当时一般行军速度每天50唐里计算（辽代以"唐里"为计程单位，1唐里为 450 米），辽代上京临潢府附近的撒葛山距离渤海国扶余府的路程是 400 唐里。大哈拉巴山在金灭辽之后，与小哈拉巴山、勃勃图山一起被改称为金山。习惯上称大、小哈拉巴山为东金山，勃勃图山为西金山。东、西金山的地理方位在明代的军事地图《开原图说》中的《开原控制外夷图》里有明确标注，其地点就是今天的大、小哈拉巴山与勃勃图山。

其实，大哈拉巴山、小哈拉巴山、勃勃图山在隋唐时期就被称为金山。据《资治通鉴》记载，乾封二年（667 年）高侃进至金山与高句丽战，薛仁贵拔南苏、木底、苍岩三城。金山就是双辽市境内的大、小哈拉巴山与勃勃图山。

如今的大哈拉巴山，成为采石场。多年的采石，使其彻底破坏。在其南侧剩下的部分山体上，建有一座庙宇，名曰"灵山寺"。这座历史上的名山如今正在消失。

二、小哈拉巴山

小哈拉巴山，又称西哈拉巴山。坐落在吉林省双辽市东北 45 千米处。其地理坐标为：东经 123.9014°，北纬 43.7909°。西南距勃勃图山 39 千米，东南距大哈拉巴山 12.4 千米。山体占地面积 546067.048 平方米，合 819.10 亩。山脚占地周边长度 3.2 千米，海拔 240 米，位于双辽市双山镇西。小哈拉巴山在今新开河以东。

小哈拉巴山长期采石，山体从地面消失，留下深深的矿坑，中间有积水。小哈拉巴山东北面形成小山水库。（参见图 2）

图2　小哈拉巴山

三、玻璃山

玻璃山，坐落在内蒙古自治区科左中旗巴彦塔拉镇布日顺嘎查东北 4.5 千米处。坐标为东经 123.4720°，北纬 43.7429°。山体占地面积 682518.068 平方米，合 1023.26 亩。山脚占地周边长度 4.34 千米，海拔 216 米。距吉林省双辽市区 24.5 千米，距勃勃图山 22 千米。归双辽市和内蒙古自治区科左中旗共同管理。

玻璃山是辽人射柳、祭四时、敬天、祈雨的地方，同时是刑青牛白马对天地盟誓出征的地方。

玻璃山距离勃勃图山很近，在其西北 22 千米。玻璃山阻挡南流的乌力吉木仁河与新开河合流，形成湖，溢出由北流向东的河，河长 48 千米，在今天吉林省双辽市东北小哈拉巴山下形成潴留湖，就是今天的小山水库。

四、大吐尔基山

大吐尔基山，又称大吐固勒津山，位于内蒙古自治区科左后旗北部。其地理坐标为东经 122.8694°，北纬 43.6664°。山体占地面积 604 873.294 平方米，合 906 亩，海拔 190 米。

"吐尔基山"是蒙古语，汉语是"牛犊子山"的意思。山高百余米，占地不超过 1 平方千米，远远望去，犹如趴在大草原上的一头牛犊子。

大吐尔基山位于科尔沁草原腹地，距通辽市区 70 千米。清代曾归属科尔沁左翼中旗，是中旗"七星北斗"的七座山之一，又称"七驾王公山"之一。它突兀在西辽河南岸的冲积平原上，山周围方圆数百里，一马平川，土地肥沃，良田万顷。早些时候，居住在这片草原上的人们想找一块石头都很难，更何谈高山呢。在当地出生的人，如果不去远行，都很少知晓大山的模样。对于他们来说，大吐尔基山就是他们心中的"圣山"。如今在当地还流传着很多有关大吐尔基山的传说，科尔沁民歌《吐尔基山》在这里广为传唱。

据当地老人讲，1948 年以前，大吐尔基山的周围有很好的自然生态环境：芦苇茂密，草木丛生，是野鸡、野兔和各种鸟类栖居的乐园。后来，随着采石业的发展，这座美丽的"圣山"日渐萎缩，变成了今天的"吐尔基坑"。加之过度开垦放牧，致使周围的草地逐渐沙化，生态环境进一步恶化。

20 世纪 50 年代，当地利用大吐尔基山阻挡诸多土河下游河流的地理条件，修建了吐尔基山水库。

大吐尔基山在 2002 年出土大型辽墓。墓主人是辽代早期的一位大余睹姑奥姑。大吐尔基山东北面就是辽代星神余睹姑的墓地，这些辽代墓地在金灭辽的战乱中被金兵彻底盗掘、焚毁、扬弃。2002年发掘的大型辽墓，由于没有葬在当时的主墓葬区，单独葬在了大吐尔基山东南侧，故躲过了战乱的毁弃，保留至今。在墓中出土的大量精美文物一度震惊世界，其中包括金箔彩棺。这一发现后来被评为当年全国十大考古发现之一。（参见图 3）

图3　大吐尔基山

五、小吐尔基山

小吐尔基山，其地理坐标为东经 122.9866°，北纬 43.7253°。山体占地面积 195222.49 平方米，合 292.69 亩。山体占地周边长度 1.9 千米，海拔 195 米。距离内蒙古自治区科左中旗巴彦塔拉镇东玛拉沁古城 38.5 千米。（参见图 4）

大吐尔基山、小吐尔基山都在科左后旗境内，两山相距 11.5 千米。

图 4　小吐尔基山

六、敖宝山

敖宝山，又叫鄂博山，蒙古语称奔力盖山，当地百姓称西山。坐落在双辽市西南那木斯蒙古族乡，谷家坨子西北角。其地理坐标为东经 123.4493°，北纬 43.4802°。山体占地面积 178043.447 平方米，合 267 亩。山体占地周边长度 1.95 千米，海拔 148.1 米。它是辽河最上游的一座小山，在勃勃图山南偏西 11.3 千米处。

那木斯是蒙古语"阿木斯尔"的转音，简化成"那木"，译成汉语为"口子""通道""隘口"或"要塞"。在冷兵器时代，那木斯的北、西、南三面是连绵的坨岗，形成了天然的防守屏障。东面为成片的沼泽，有几十里之长，约三里之宽。舍此道口，车马、行人绝难通过。

在那木斯守护的兵丁，历史上有秽貊（或作濊貊、秽貉，简称濊或貊，与其他民族联称作貉狄、胡貊、蛮貊、夷貊）人、东胡人、扶余人、鲜卑人、高句丽人、女真人、契丹人，也有汉人、蒙古人。考古发现，在那木斯这一古道口的北部，现双辽市区西部一道坨子处，曾是新石器时期直至辽金时代的古人类活动遗址。战国时期，燕将秦开到东胡作人质，暗中将东胡兵力分布、给养囤积以及要塞、路径熟记于心，归国后，率燕国军队突袭东胡，致使东胡人败退千余里，进入今双辽地域；此后，东胡人分化成鲜卑、乌桓两支。三国时期，曹操率兵北拒乌桓，乌桓投降。尔后，高句丽西征，鲜卑南进，至 645 年唐代薛仁贵挂帅，采用迂回战术，绕道塞北东征高句丽，在古金山（在今双辽境内）大破高句丽兵，将东北重收入大唐版图。916年后，东胡的后裔契丹人建立大辽。1125年，女真人灭辽，建立金国。1212年，成吉思汗派出铁骑，攻克金国腹地和东北诸镇。双辽一带开始成为蒙古兀良哈部的驻牧之地。

敖宝山是由大小不一的石头堆积而成的。因石质是超镁铁岩包体，每当月光笼罩，山石经过光的作用，金光闪烁，当地人称"闹宝山"。如今的"闹宝山"，大多夷为平地，有的成为数十米深的矿坑。（参见图5）

图5　敖宝山

七、勃勃图山

勃勃图山，又称博古吐山，位于吉林省双辽市城东北 5.8 千米处，在双辽市辽东街道境内，平齐铁路在此山西侧迂回通过。其地理坐标为东经 123.5520°，北纬 43.5553°。山体占地面积 837523.890 平方米，合 1256.27 亩，海拔 172 米。

勃勃吐是古代契丹语在现代科尔沁蒙古语中的流转，意思是"英雄、神圣、雄强"等。勃勃图山是契丹人祭祀天、地、祖先的"圣山"。

第二编

双辽最早的古人类遗址：后太平遗址群

中国青铜文化起源于黄河流域，大体上相当于文献记载的夏、商、西周至春秋时期。1984年文物普查时，双辽市文博工作者查明，双辽市青铜时代遗址有15处。这些遗址主要分布在东辽河、西辽河沿岸，辽河冲积平原边缘处，以大金山遗址和仕家东坨遗址为代表，具有明显的地方特色，既受辽河下游和西拉木伦河流域原始文化影响，又带有中原文化的因素。

2006年7月，双辽市东明镇后太平村村民李长民携带几件陶器来到双辽市郑家屯博物馆请求鉴定。陶器来源是当地村民建房取土时在地下掘出的。博物馆工作人员及时上报，时任双辽市文体局副局长的郭泽辉同志（分管文博工作）闻讯，立即赶到博物馆，详细了解文物出土地点和出土经过，当得知李长民等人还有其他相似器物时，立即与时任博物馆馆长的宫运学、副馆长王宝等前往后太平村考察出土情况，并向当地村民宣传文物保护法律法规，征集散失在村民手中的出土文物。

在后太平村，他们看到了村民所说的"山根"，是东北—西南走向的侵蚀陡坎，当地人或称为"北山根"，村民房屋依"山根"而建。在村民平常取土的断壁上，隐约可见几个不同年代的文化断层，断层中陶片、人骨、蚌化石、兽骨历历在目。这件事引起博物馆及上级部门的关注。2006年10月至2007年2月，博物馆馆长带领业务人员数次驱车到后太平村，收回村民手中的陶器。这些陶器出土于后太平村北部沙坨地带，位于东辽河右岸二级台地上，距离1984年文物普查时查明的东明镇后太平遗址中心区域大约1千米。

2007年3—4月，四平市文物管理委员会办公室带领双辽市文物管理所、双辽市郑家屯博物馆，在双辽市境内东辽河及东辽河与西辽河交汇处沿岸的二级台地，主要面向青铜时代遗存进行了区域性专题考古调查与全面钻探。此次调查和钻探，对于遗址分布范围、地层堆积、遗迹性质及规模等情况有了进一步了解，确认了新立乡大金山遗址、柳条乡白牛墓地、西山湾子遗址、东明镇七棵树遗址、盘山遗址、后太平遗址、后太平墓地、黄土坑遗址、孤家子遗址、王奔镇东岗遗址、仕家东坨遗址、东贤良遗址、勃山屯遗址、勃山屯砖厂墓地共11处青铜时代遗址和3处青铜时代墓地。这些遗址及墓地沿东辽河、西辽河汇流区边缘二级阶地呈"V"字形分布，在两个河曲弧湾（俗称山湾子）之间伸向河边的蛇头形台地（俗称山嘴子）之上，除中部的部分遗址地表见有白金宝文化遗存外，所见多数素面陶片显示出相同或相似的特征，初步将其确认为一处具有相同文化因素的遗址群，并以处于其中心位置、遗存丰富且典型的后太平遗址所在地后太平村命名，称作"后太平遗址群"。2007年5月31日，吉林省人民政府将"后太平遗址群"核定公布为省级文物保护单位。

2007年5—11月，吉林省文物考古研究所会同四平市文物管理委员会办公室、双辽市文物管理所、双辽市郑家屯博物馆等单位，对因气候和人为因素而遭破坏较为严重的后太平遗址进行了抢救性发掘。

考古工作者在遗迹分布最密集的后太平遗址墓葬区布方，发掘面积 750 平方米，后扩至 837 平方米。墓葬呈条带状沿侵蚀陡坎顶部沿线分布，中心位置海拔 126.4 米，比附近平地高 14.9 米。遗址现在一部分是林地和民宅，一部分为耕地。由于当地居民建房、修路均在此取土，已有 20 余座古墓葬遭到破坏，人骨、石镞、篦点纹及刻画纹陶片、青铜扣、青铜镞、青铜环、白石管等遗物在地表清晰可见，墓地南部取土断崖剖面壁上有若干个遭破坏的土坑墓遗迹，均为无葬具墓葬，多为二次葬，多数墓地距地表 1—1.5 米，墓室长 2 米有余，出土文物多遭当地村民遗弃、损毁。石器有石镞、石坠、玛瑙珠，陶器有陶纺轮、陶盅、单耳杯、陶杯、陶豆、陶钵、筒形罐、刻画纹陶罐、多耳罐、壶形鼎、陶壶以及陶器残片、陶器口沿、陶器底、陶器盲耳等，青铜器有铜镞、铜刀、铜泡、铜饰件、铜环等。从器形和纹饰上看，这些陶器均为青铜时代晚期遗物，陶壶和筒形罐上的繁缛压印篦点纹饰、素面单耳杯口沿处的竖向环耳均具有嫩江下游地区的白金宝文化特征。这批器物的发现，将白金宝文化南端的界定推至双辽境内。同时，出土的口沿内侧斜抹尖唇的素面束颈陶壶，既有下辽河流域文化因素，又具有自身特色；新发现的三足器，足以上部位形似陶壶，在其他地区的考古学文化中从未见过，专家将其命名为"壶形鼎"（参见图 1）。这些独特的陶器代表了一种新的考古学文化类型，为研究东辽河下游右岸地区青铜时代文化属性提供了重要线索。

图1　壶形鼎

后太平遗址墓葬区遗存划分为5个时期：

第一期遗存在地层中发现饰有"之"字纹、细线纹的陶片，推测其年代在距今5 500年左右。

第二期遗存为两个圆形弧壁圆底的灰坑，出土有细绳纹直口陶壶2件、陶匙1件、骨锥1件，以及数量较多的鸡冠耳陶壶残片。推测其年代相当于商代末期。

第三期遗存发现37座墓葬，另有2座灰坑。其中36座墓有随葬品，出土有锤斧、石镞、石片、尖状器、白石管、黑石管、白石珠、绿松石饰件、玛瑙珠、玉管等石器，鸡冠耳陶壶、平底纹饰陶壶、圆底壶、杯口壶、长颈壶、粗颈壶、壶形鼎、筒形罐、钵口壶、三角壶、钵、素面陶壶、单耳杯、压印篦点纹单耳杯、豆、网坠、陶纺轮等陶器，铜扣、铜镞、铜刀、铜锥、铜泡、铜片、铜坠饰、铜环、铜饰件等铜器，骨锥、骨针、骨匕首、骨管、角锥、角凿、角镳、角纺轮、骨板、角饰、牙饰等骨角器。随葬品的陶器以壶居多，多为实用器，多数放在墓底两端；角镞多成簇出土于人之股骨两侧；装饰品常位于死者头骨、骨颈部周围、胸部、腰部、手腕及脚腕等贴身处。墓葬均为无葬具的竖穴土坑墓，分布密集，其中32座墓葬方向均为西南—东北向，与东辽河走势平行，其余5座为东西向或西北—东南向。埋葬习俗以多人葬为主，在27座多人葬中，有4座为骨架规整的合葬，葬式多为仰身直肢，个别侧身屈肢，骨架层层叠压，头向南北颠倒，23座骨架凌乱，为二次迁葬或扰乱葬。其余10座为单人葬，墓室相对较小，从埋葬方式看，有一次葬、二次葬，2座一次葬均为仰身直肢，8座二次葬均为乱骨葬。根据墓室规格及埋葬个体数，可分为大、中、小3类墓室。长度在5米以上，可埋葬7人以上的，属于大型墓，有4座；长度3—5米，埋葬人数3—7人的，属于中型墓，有18座；长度2—3米，埋葬人数1—3人的，属于小型墓，有15座。推测其年代相当于青铜时代。

第四期遗存在地层堆积中，发现了属鲜卑文化的垂帐纹泥质灰陶片，推测其年代大体相当于东汉时期。

第五期遗存属辽金时期。清理灰坑5个，多为圆底，少数为直壁平底，有圆形、圆角方形、不规则形等，坑内发现素面陶片、梳齿纹陶片及少量动物骨骼；清理房址1处，长方形，房内有烟道及灶台，有青砖出土，并发现少量铁器，房外有一条排水沟，墙体外侧有4个柱洞，东侧有门道；清理灰沟1条，西南—东北走向，沟内出土有青砖、瓷器残片、蚌壳及少量动物骨骼。

后太平遗址居住区位于后太平村东部两个河曲之间伸向东辽河边

的蛇头形山嘴子之上，当地人称之为"东山榔头"，西端距离后太平墓地约500米。1984年文物普查时发现有陶器口沿、陶器耳、鬲足等遗物，被确认为青铜时代遗存。遗址现已是耕地，种植黄豆多年。地表可见灰土圈，采集遗物中石镞、陶器口沿、陶器耳、附加堆纹陶片、鼎足、鬲足、豆盘、陶器底、豆柄等均为青铜时代遗存。2007年发掘区域位于遗址的南部，总发掘面积370平方米。共清理遗迹单位21个，其中灰坑15个、房址3处、灰沟3条，发现3个时期遗存。

第一期遗存为青铜时代遗存，发现房址1处、灰坑11个、灰沟3条。出土有砺石、石斧、石坠、锤斧等石器，双耳罐、豆、钵、壶、鬲、范、纺轮等陶制品，卜骨、骨镞、骨锥、骨针、骨鸣镝、角镞、角锥、角甲片、蚌刀、蚌饰件等骨角器。

第二期遗存为汉代遗存，发现2个圆形直壁平底的灰坑，出土有压印方格纹圆底灰陶罐、陶器口沿残片等。

第三期遗存为辽金遗存，发现灰坑2个、房址2处。出土有陶瓷口沿、单耳杯口沿、铁钩、条状角器、石凿、黑石管、铜钱及大量蚌壳、动物骨骼。

为深入探究内涵丰富的后太平遗址群文化，考古工作者试掘了大金山、盘山、东岗、仕家东坨遗址，并对七棵树、孤家子、西山湾子、东贤良等遗址重新进行了考古调查。

大金山遗址位于新立乡大金山村北300米处沙岗南坡，东南距东辽河3千米，地势北高南低，略有起伏。遗址南北长约150米，东西宽约100米，海拔132.4米，比附近平地高出8.4米。1984年文物普查时发现，西部地表密集散布夹砂陶片、红烧土块、草木灰、鱼骨、兽骨、河蚌等大量遗物。遗物以素面磨光褐陶为主,有夹砂红褐陶、夹砂黄褐陶和黑灰陶,火候不均,均为手制。可辨器形有鼎、豆、钵、罐、壶、碗、鬲等,器形较大,器耳类型较多。遗址西侧因曾建的粮库已遭严重破坏,现在大部分遗址已被垦作耕地。2007年发掘面积25平方米,在玉米地边缘布方,出土有石斧、砺石、环状石器、枕状器等石器,陶壶口沿、陶器口沿、陶器耳、陶器底、陶器足、豆盘、豆柄、豆座、陶纺轮、陶管等陶器,角镞、骨针、角锥、骨锥、卜骨(参见图2)等骨角器及动物骨骼。大金山遗址地表采集和发掘出土的遗物均为青铜时代。

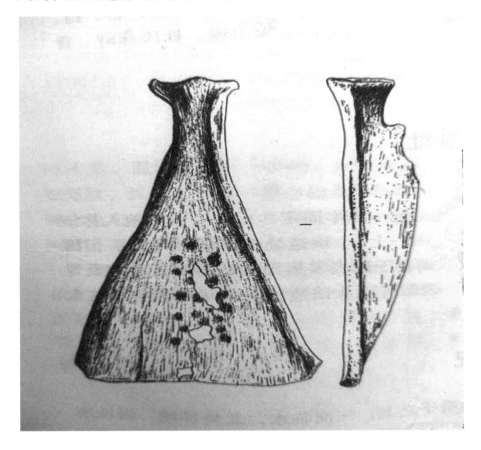

图2 卜骨

　　盘山遗址位于东明镇盘山村西南500米处沙坨上，南北长约400米，东西宽约200米，海拔127.9米，比附近平地高出16.4米。现在遗址已被垦作耕地。1984年文物普查时被定为辽金时代遗址，当时仅发现有轮制泥质灰陶片、白釉瓷片、建筑构件等辽金遗存。2007年调查与试掘采集到新石器时代晚期及青铜时代晚期陶片，有较多新石器时代晚期遗存出土，这重新定义了盘山遗址的文化内涵。此次发掘面积225平方米，出土新石器时代晚期遗存以手制夹砂陶片为主，有花边陶器口沿、附加堆纹陶器口沿、叠唇陶器口沿、素面陶器口沿、饰纹陶片、陶器底等，刮削器、角锥和动物骨骼亦有出土。在试掘中未发现青铜时代遗存，在该遗址发现的青铜时代陶器口沿（参见图3）、陶器底、饰纹陶片均系地表采集遗物。在遗址内发掘了辽金时期带有火炕遗迹的正方形半地穴房址，并在房内出土了1件陶瓮。遗址内还出土有石斧、细石叶、铁镞等辽金遗物。

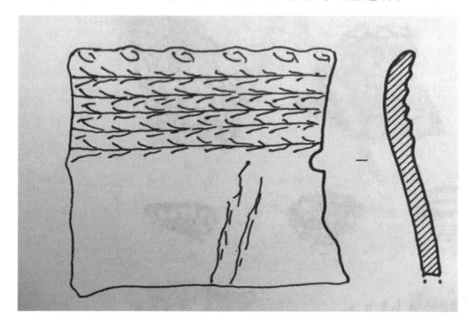

图3　陶器口沿

东岗遗址是新发现并命名的遗址，位于王奔镇东岗村西500米处，东西长约600米，南北宽约300米，海拔125.7米，比附近平地高出15.7米。遗址原为耕地，现因附近砖厂大量取土而遭到严重破坏，有石磨棒、锤斧残块及红褐色夹砂陶片等遗物散布在地表。2007年发掘面积25平方米，发掘出土少量陶器残片，以素面夹砂红褐陶为主，手制慢轮修整，有的饰有戳点纹和刻画纹（参见图4），从其残片可辨，器形有三足器、豆、壶、罐等。东岗遗址采集和出土的遗物石磨盘、陶壶颈部、陶器口沿、陶器錾耳、陶器足、陶器底、戳点纹陶片、陶纺轮、刻画纹陶片、豆等，均属青铜时代遗存。

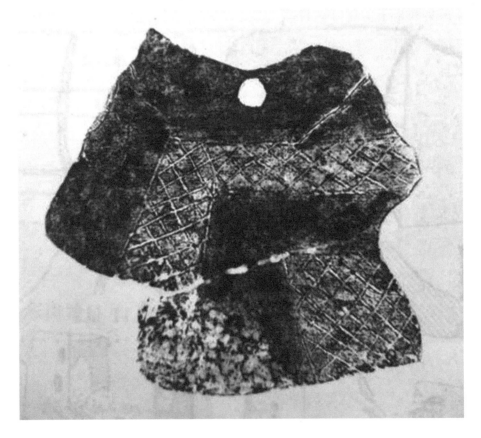

图4　刻画纹陶片拓片

　　仕家东坨遗址位于王奔镇仕家村东1.5千米的坨子上，当地人称东坨子。遗址在西辽河冲积平原与冲湖积平原分界的侵蚀陡坎上，距离西辽河约3千米，东南距离东辽河约5千米。地势东高西低，起伏不平。南北长约300米，东西宽约200米，海拔126米，比附近平地高出15米。1984年文物普查中发现大量遗物，主要有陶片、瓷片、骨器和石器等。遗址现为林地和耕地，地表散布大量陶片，以素面居多，少量饰有绳纹和刻画纹。2007年发掘面积30平方米，无完整器出土，以素面夹砂灰褐陶和红褐陶陶器残片为主，可辨器形有三足器、豆、壶、罐等，均为手制，有的经过慢轮修整。仕家东坨遗址采集和出土的鋬耳、桥耳（参见图5）、鸡冠耳等陶器耳以及陶器口沿、陶器底、陶器足、豆、刻画纹陶片等，均属青铜时代。

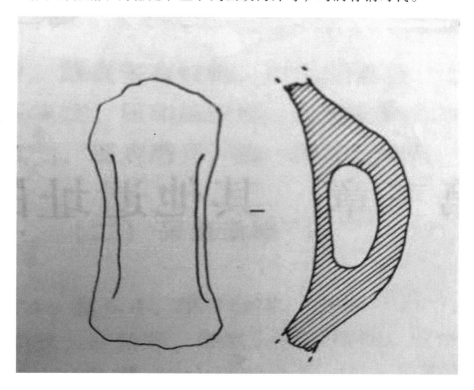

图5　桥耳

白牛墓地位于柳条乡白牛村正南1千米处的沙岗西坡上，地势较高，沿沙岗南北向分布。南北长约300米，东西宽约100米，海拔121.5米，比附近平地高出5.5米。1984年文物普查时发现暴露在风蚀坑内的双人竖穴土坑墓，骨架旁出土残破陶罐2件，系夹细砂红褐陶，手制，器表抹平，素面，烧制火候低且不匀，陶胎内有黑色夹心，形制为侈口，尖圆唇，长颈，鼓腹，腹以下内收，底内凹，上附瘤状耳。无葬具，骨架凌乱，葬式不清。从随葬器物和墓葬形制推断，这是一处原始文化时期墓葬。调查结果显示，沿沙岗走向可见成片与上述形制相似的夹细砂红褐陶或黄褐陶壶、罐类残片。考古工作者在2007年调查中仅见极少量素面夹砂陶残片，无典型标本。

西山湾子遗址位于柳条乡农阁村西500米的沙坨上，呈西南—东北走向，南北长约300米，东西宽约100米，海拔133.1米，比附近平地高13.1米。1984年文物普查时发现有夹砂"之"字纹陶片、陶器口沿、石镞、石磨棒（参见图6）等遗物。以夹细砂黑褐色陶片居多，多为手制陶钵、筒形罐等小型器，器表稍加抹平，纹饰以长短不等的压印弧线"之"字纹为主。此外，有刻画弦纹、压印编织弧线纹、附加堆带状纹、戳刺指甲纹、篦点纹、网格纹、手捏纹、压印平行弦纹等。具有较高的烧制火候，质地较硬，陶胎内有黑色夹心。陶片亦有黄褐、红褐陶，红褐陶数量较少，器表多是素面磨光并薄施一层红陶衣。这些遗物均为新石器时代遗存。另外，在该遗址发现细泥篦点纹灰陶片、黄白釉粗瓷碗残片等辽金遗存。该遗址现为防风固沙林地。2007年遗址调查中考古工作者在该遗址发现许多残破的青铜时代碎陶片，这足以证明西山湾子遗址具有青铜时代文化遗存。

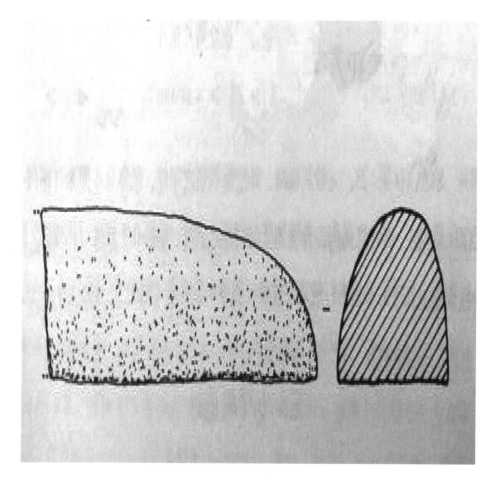

图6 石磨棒

七棵树遗址位于东明镇七棵树村西南1.5千米的沙坨南坡，呈东北—西南走向，南北长约300米，东西宽约200米，海拔134.6米，比附近平地高出14.6米。遗址现已被垦为耕地。1984年文物普查时发现该遗址存在青铜时代遗存和辽金遗存。地表遗物以手制泥质和夹砂黑褐、黄褐、红褐陶片为主，器形有豆、罐、鼎、壶、钵等小型器，器表粗糙，火候不匀。罐、壶、钵的形制多为尖圆唇鼓腹平底，有的口沿或上腹部饰有压印齿轮纹、曲折篦点纹、戳刺纹、附加堆带状纹等纹样。一圆锥状夹砂黄褐陶鼎足较短小，高 3.5 厘米。遗址中还有燧石、石英质地的刮削器和少量蚌壳、动物骨骼及鱼骨。在遗址南半部有辽代居住址，地表发现轮制泥质灰陶片、辽白瓷碗残片、茶末釉缸胎器残片以及青灰色沟纹砖、灰色布纹瓦等。

黄土坑遗址位于东明镇后太平村西约 500 米的沙坨上，是一处新调查发现的遗址。东西长约 400 米，南北宽约 100 米，海拔 125 米，比附近平地高 13.5 米。遗址现已被垦为耕地。地表发现陶壶、陶钵、筒形罐等陶器残片，质地夹砂黄褐陶，烧制火候较低，器壁薄，器形小，多为平底器，器表饰不规则细绳纹。

孤家子遗址位于东明镇孤家子村西侧，是一处新调查发现的遗址。南北长约 500 米，东西宽约 200 米，海拔 124.6 米，比附近平地高出 13 米。现遗址东半部为村民住宅区，西半部为防风固沙林地。地表仅发现极少量的素面夹砂红褐陶片、绳纹夹砂黄褐陶片以及陶罐口沿、鬲裆、陶器座等残件。

东贤良遗址位于辽东街道金良村（含东贤良屯在内）东南 200 米处的沙岗上，西端临河。东西长约 500 米，南北宽约 300 米，海拔136.5 米，比附近平地高出 20.5 米。该遗址现为防风固沙林地。1984年文物普查时在遗址风蚀沟内发现壶、罐、豆、鼎、钵等陶器残件，以素面夹砂红褐陶为主，手制，用泥条盘筑而成，质地粗糙疏松，多数器表未经打磨，陶色不纯，陶胎内有黑色夹心。部分红陶质地细密，器表磨光，夹砂较少。少量陶片饰有弦纹、压印纹、乳丁纹。采集陶器桥耳、鬲足、陶器底、豆柄、弦纹陶片、石锄（参见图7）、石斧等遗物，该遗址存在青铜时代遗存和辽金遗存。

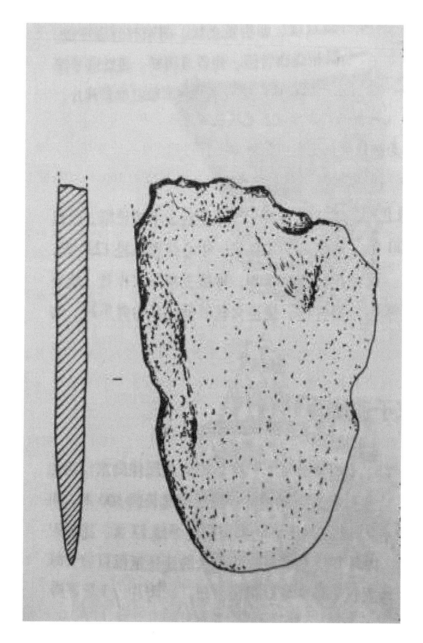

图7　石锄

　　勃山屯遗址位于辽东街道勃山村东 1000 米的沙岗上，东西长约 300 米，南北宽约 100 米，海拔 131 米，比附近平地高出 11 米。1984

年文物普查时发现大量陶瓷器皿残片及砖瓦等遗物，确认为辽金时期遗址，并命名为"勃山一号遗址"。2007年考古调查发现大量壶、罐、鼎、钵、豆陶器残件，多为手制素面夹砂黄褐陶，器表未经打磨，烧造火候较高。器耳为錾耳、桥耳、瘤状耳的较少，亦发现壶、罐、钵残底，多为器壁较薄的小型平底器。这些显现青铜时代特征，证明勃山屯遗址有青铜时代文化。

勃山屯砖厂墓地位于辽东街道勃山村废弃砖厂南侧沙岗上，是一处新发现的青铜时代墓地。南北长约500米，东西宽约300米，海拔146.6米，比附近平地高出26.6米。墓葬因村民取土已遭破坏，葬式是竖穴土坑墓，无葬具，遗物有素面束颈陶壶、三足罐、贝壳、陶钵、环状石器（参见图8）等。

图8 环状石器

2007年，吉林省西部沙化半沙化地区大面积青铜时代文化遗存发掘面积共计1500余平方米，清理遗址单位75个，出土陶器、青铜器、骨角器、蚌器、玉器等各类遗物1500余件，还有大量的陶片、各类动物骨骼和人体骨骼标本。

后太平古遗址和古墓葬的文化内涵丰富，既有新石器时代和商、周、战国及辽、金、元时期文化遗存，又有渔猎、农耕、草原等多种文化元素，还有嫩江下游的白金宝文化、西辽河流域的夏家店上层文化、东辽河上游的宝山文化、辽河流域的高台山文化的文化特征，属吉林省西部地区大面积青铜时代文化遗存的首次发现，对于确立东北地区青铜时代文化的新格局具有重大深远意义。2013年，"后太平遗址群"被国务院认定为第七批全国重点文物保护单位。

双辽历代文化遗址与器物

双辽先后发现与确定的不可移动文物（简称"遗址"）有200余处，其中国家级重点文物保护单位"后太平遗址群"1处，省级文物保护单位10处，市级文物保护单位24处，县级文物保护单位4处。

考古工作者在双辽市发现新石器时代遗址16处，覆盖了东辽河、西辽河沿岸大部分地区，这为新石器文化的研究提供了丰富的物证。

东辽河流域的新石器文化以位于双辽市柳条乡农阁村的西山湾子遗址为代表。西山湾子遗址遗物以陶片为主，可辨器形多为筒形罐、钵等，陶器多为黑褐色，器表纹饰以压印弧线"之"字纹为主，有刻画纹、凸起带状纹、压印平行弦纹、戳刺指甲纹等，明显受东北南部原始文化的影响，为研究双辽市新石器文化与辽南、辽北新石器文化的关系，提供了重要的线索和物证。

西辽河流域的新石器文化以位于双辽市西郊的郑家屯西坨子遗址为代表。1932年，日本水野清一对位于西辽河沿岸的郑家屯西坨子遗址进行了考古调查，发现以玛瑙和玉髓制作的刮削器，碧玉质地的石核、石片，黑褐色粗砂陶片等，发表了《郑家屯西北沙丘地带的遗址》调查报告。1957年，吉林省博物馆李莲等人调查该遗址北段时发现彩陶片、刻画"之"字纹和斜线纹的粗砂褐陶片、石镞、不规则刮削器、石犁等。这是一处文化内涵复杂的遗址，丰富的文化遗存证明了当时人们能制造精美实用的细石器和夹砂褐陶，经济活动以渔猎和游牧为主，原始的锄耕农业已初步形成。陶器和原始农业的出现是新石器时代的显著特征，是人类进入文明时期的重要标志。

可见，东辽河、西辽河沿岸的新石器时代遗址文化内涵既有区别又有联系。从陶器质地上看，东辽河类型的陶质夹细砂者多，夹粗砂者少，纹饰以压印弧线"之"字纹为主，陶色以黑褐为主，黄褐较少，器皿上多有钻孔，细石器少见。西辽河类型的陶器以黄褐粗砂陶较为多见，纹饰以刻画纹为主，少见压印"之"字纹，器皿上钻孔少，细石器较多。共同之处是都有夹砂褐陶和细石器，都有"之"字纹、刻画纹等纹饰。二者之间所代表的文化类型不仅有地域上的差别，亦似有早晚之分。

从新石器时代起，我们的祖先就在双辽这片土地上繁衍生息，许多民族都留下了珍贵的历史遗迹。

东汉之际，东胡的分支鲜卑族逐渐强大，魏晋时势力已达西辽河流域，以后契丹、女真先后崛起。这3个民族都曾入主中原，分别建立北魏、辽、金3朝，双辽是他们的祖居之地。鲜卑人是游牧民族，其风俗"以马为富"，所以在他们制造的陶器上，往往以马纹图案作为装饰。双辽出土了很多带有马纹图案的陶罐，器形别致，图案精美。

契丹人是鲜卑人的后裔，起源于西拉木伦河上游，也就是西辽河上游。传说远古时期，从天上降下一骑白马男子，沿西拉木伦河而上，与一骑青牛沿老哈河而上的女子在西拉木伦河与老哈河的交汇处也就是西辽河的起始点相遇而结合，日后生养了8个儿子，繁衍而成为契丹八部。到了唐朝末期，契丹崛起，907年，契丹人首领耶律阿保机统一契丹八部，建立契丹国；947年，其子定国号为大辽。大辽兴盛之时，占据了大半个中国。契丹人在辽代早期即进入今双辽地域及辽河流域。双辽之地当时辖于辽之东丹国，后改隶于东京辽阳府，分属韩州、信州。辽代因俗而治，以本族之制治契丹，以汉制待汉人，吸收了中原文化和渤海文化。

契丹人本是游牧民族，骁勇善战。晚唐时期，汉人大量逃入契丹之地，开垦土地耕种，契丹地区开始出现农业。随着大辽劲旅不断开疆扩土，辽军强行将大批从事手工业、农耕的渤海人和汉人掠往辽地，为他们划出大片荒地，建立城郭，并沿用农人原州县之名，令民开垦耕耘。同时，实行头下军州制度，以俘虏为奴，开荒耕种。加之铁制农具的广泛使用，农业生产力大大提高，一时仓廪充足，国力日盛。

捕鱼、狩猎活动在契丹人的社会生活中同样占有重要地位。由于地处寒冷的北方，契丹人很重视冬季捕鱼。他们在冰上支起毡帐，将门掩得严严实实，在冰上凿眼垂钓，举火把用火光吸引鱼上钩，很少失手。如捕大鱼，则在冰上凿出四个大冰眼，一眼凿透，用火把照明，周围三眼只将冰凿薄，作为观察孔。鱼来时，用带钩的绳子击中，也不立即拉上来，等鱼挣扎累了，再拽上来。在其他季节，契丹人用网、叉、钩、渔罩捕鱼。契丹人转徙不定，车马为家，就连辽国皇帝治理国家也实行四时捺钵制，即四时各有行在之所的巡狩制。宫廷与民间均在每年开春用捕捞的第一网鱼、猎杀的第一只天鹅，摆设"头鱼宴""头鹅宴"。即使在多民族混居地区，契丹人仍按旧俗生活。

辽代时，女真人要年年向大辽进贡，主要贡品是一种凶猛的猎鹰海东青，极难捕获。后来，女真人不堪忍受辽国的欺压，在首领完颜阿骨打的带领下，于1115年建立金国，1125年灭辽，1127年又灭北宋。金沿辽制，双辽之地仍隶属韩、信二州。金人把中原先进的农业技术引进到东北，提倡尊孔读经，继承科举制度。金代在客观上促进了中华民族大融合，缩小了我国南北地域在经济与文化上的差异。双辽的历史在辽金时期达到昌盛阶段。

辽金时期的冶炼技术相当先进，铁制农具、武器、铜镜、铜印等的大量使用足以表明当时生产力的发达。近年来，内蒙古的东南部、辽宁的北部和辽西地区都有辽代铁制农具出土。双辽市那木遗址东南部，铁炼渣多而集中，似为一炼铁遗迹。双辽境内出土的辽金铁制工具的种类也比较多，主要有铁箭头、铁镰、铁锄、铁锹、铁斧、铡刀、铁熨斗、马衔等。形制比较先进，多与中原地区同类器具相同，与近代同类农具相似。

双辽市辽金时期遗存较多，几乎遍布全境，有遗址、城址、墓葬、窖藏器物等。辽金遗址中多有青砖、布纹板瓦、辽白瓷片、白釉铁花瓷片、辽三彩残片、篦点纹灰陶片、铁镞等。1992年，考古工作者在那木斯蒙古族乡清理挖掘了一组辽代房屋及其火炕遗迹，可见当时的辽人在游牧的同时已懂得构筑房屋，搭建火炕，以对付北方的严寒。

辽代实行厚葬，早期辽墓中有大量的铜器、金银器、马具、兵器和陶器出土。这些随葬物品主要分两类：一类是生活日用品，如铜镜、铜洗、铜钵、银碟、银匙等；另一类是装饰品，如铜丝网套、铜牌饰、铜面具等。辽中期对铜、金、银的管理很严，禁鬻铜、银、铁出境，没有特许不能以金、银器皿随葬，陶瓷器特别是辽三彩发展起来。辽三彩为辽代生产的低温彩色釉陶制品，深受唐三彩影响，多用黄、绿、褐三色釉，器型中的方碟、海棠花式长盘、鸡冠壶、筒式瓶等，富有契丹民族的风格。双辽境内出土的辽代铜丝网格绿釉碗、绿釉盖罐、莲纹罐、陶钵等，造型优美、工艺精湛，蕃草纹四系瓶和铁花白瓷碗是金代的代表作，其陶瓷工艺及绘画具有很高的艺术性。这些出土文物，足以证明辽金时期不但农业发展迅速，手工业、商业也非常发达。

双辽境内已发现辽金时代墓葬百余处，大多分布在南部和西部，其葬式、葬俗、葬具都不尽相同。墓葬形制分砖室墓和土坑墓。砖室墓为贵族墓，土坑墓则为平民墓。考古工作者曾抢救性发掘王奔辽墓群、桑树辽墓、骆驼岭辽墓、大哈拉巴山辽墓、双山辽墓。其中，王奔辽墓群是平民百姓的墓地，有砖室墓、土坑墓。值得一提的是，在一座墓中，发现人头骨和下颌骨分离，右手指骨和脚趾骨皆无。在另一座墓中，人骨的右肢小腿骨断裂。还有一墓中，死者头骨移位。上述3座墓均无随葬品。据《辽史》记载，辽代有许多酷刑，其中就包括砍头、裂口、断手足等，上述3墓可能就是受酷刑死者的墓葬。骆驼岭辽墓为辽代中期贵族墓葬。该墓为砖室墓，由墓室、耳室、甬道、墓门、墓道组成，墓室呈八角形，墓壁由下而上用砖先横铺3层，然后一平一立由上叠砌至14层再向上渐次内收叠，作穹隆状墓顶。墓室、耳室、甬道地面，都用方砖对缝铺平。墓门上方的雕砖门楼及仿木斗拱结构，在中原宋代墓葬中较常见。墓中发现祭台，上置马具及饰件、鸡冠壶、鸡腿坛、唾壶等随葬品。

马具上饰的各种图案花纹，是唐宋流行的样式。这些都表明居住在双辽的契丹族与中原地区的汉族，在经济和文化上保持交流。墓室中发现骨架一具，属青年男子，无葬具。墓主人戴着铜丝手套，与今日手套形状相似，原为5指，现仅存3指，内有指骨残骸。铜丝很细，编织成菱形和方形细密小孔，孔隙均匀，手指处稍密，手腕处较稀疏，最后收拢成紧口。北宋沈括《梦溪笔谈》中记载契丹人的葬俗：铜丝络其手足，骆驼岭辽墓印证了其记载。

火葬在辽金时代盛行，双辽市兴隆古墓群以火葬瓮棺墓为主。据《辽史·契丹传》记载契丹人的葬俗：父母死，以其尸置于山树之上，经3年后，收其骨而焚之。他们将火化后的骨灰装在特制的陶魂坛（又叫瓮棺）里，上面用泥封上，有的上覆陶钵或青砖，每个罐壁留一个小孔，意思是给灵魂留出入的地方（又叫灵魂通道）。最后将瓮棺埋入墓中，同时嘴里念念有词：保佑多打野猪和野鹿。

一、遗址

（一）向阳屯遗址

向阳屯遗址位于原向阳乡（今服先镇）向阳村向阳屯东北1千米处的沙坨上。坨子呈东西走向，西1千米是后向阳屯。在坨子与后向阳屯中间，有向阳至桂花的公路穿过。坨子是由风积砂组成，地表层已土壤化，有许多风剥之沟壑，植被稀少。古代遗物多暴露在沟壑中，尤以坨子西端南坡更为集中。其范围南北长约500米，东西宽40米。遗址南部与西部边缘各有一条乡道，均通田家屯。

地表遗物有陶片和石器。

陶片分夹砂陶和泥质陶两类。夹砂陶有红陶、红褐陶、黄褐陶，泥质陶有红陶、灰陶。

红陶夹砂陶质地粗松，夹有大粒砂。可辨器形有长颈鼓腹瓶，唇外部有宽带凸起弦纹，呈弧形波浪状。

红褐夹砂陶、黄褐夹砂陶，质地坚硬，火候较高，手制。可辨器形多筒形罐：方圆唇，直口，腹略鼓，平底。胎壁厚薄均匀，腹上部有钻孔。器表多饰有富于变化的压印连续"之"字纹，有横条、竖条、弧线、直线之分，也有刻画弦纹。

红陶泥质陶器表磨光，常见有平行凸起弦纹，多饰于口颈部。形制为圆唇、直口、溜肩、腹略鼓，或短颈、鼓腹、口微侈，口部有手捏的尖唇，口沿下部饰有附加纹带，上有指压纹或按压纹饰。

灰陶泥质陶烧制较好，轮制，饰压印篦点几何纹，多饰于器物颈部或腹部。器形多为罐、瓮。此类陶器年代有可能要比夹砂陶器晚。

石器分两类：

其一，细石器。有石镞、刮削器等，制作精细。

石镞为白色燧石或石英石制成。呈三角形，边刃锋利，凹底，横断面呈椭圆形。长约1.6厘米，两翼宽约1.5厘米，厚0.2至0.4厘米。

刮削器为白色或灰色燧石、石英石制成。抹角长条形，两边有锋利的刃，横断面呈橄榄状。

其二，磨制石器。仅见一件，系环状器，或称石质棍棒头。呈扁圆形，中间有一个透穿的圆孔。

此遗址文化内涵丰富，以"之"字纹褐陶为主，纹饰特点与器形具有沈阳新乐下层文化的特点，与本市西山湾子遗址陶器相同，为新石器早期遗存。上述红陶与石器的出现年代应该稍晚，明显受嫩江流域原始文化的影响，又具有双辽市西辽河流域的原始文化类型特点。这是一处以渔猎为经济形式的文化遗址。该遗址中发现的泥质篦点纹灰陶片与齿黄釉带开片的瓷片，当属辽金时代遗物。

（二）郑家屯西坨子遗址

郑家屯西坨子遗址位于原郑家屯镇（今郑家屯街道）西郊的坨子上，当地人称西坨子。整个坨子南起鹿场，北至吉兴村，长达五六千米，宽约一千米，北部又称吉兴坨子，南部称谷家坨。

郑家屯西坨子为南北走向，与西辽河基本平行，距西辽河约4千米，是西辽河冲积平原与风积冲积平原的分界线。坨东有明显的侵蚀陡坎，属西辽河一阶台地边缘。陡坎下是平坦的耕地。坨西为地势低洼的碱甸草滩。遗址西南为敖宝山，系由第三纪玄武岩构成，为突兀的小石山，高出地表约40米。坨南为2千米宽的草地，隔草地与大架坨遗址相望。坨西北1千米为巨丰遗址。坨子表层为半固定状风积砂，地势起伏不平，沟壑众多。遗址主要分布在坨脊部和西部。

遗址范围广，遗物极丰富，大多风剥之地表或沟底，均有遗物发现。此遗址进行过多次调查，历次调查侧重地段不同，因而命名较混乱。

1932年，日本人永野清二称该遗址北段为"郑家屯西北沙丘地带的遗址"。1957年5月，吉林省博物馆调查遗址北段时，称之为"吉兴乡西坨子遗址"。1984年，文物普查称遗址南段为"谷家坨遗址"，称其北段为"吉兴一、二号遗址"。

上述名称虽然不同，但各遗址之间的范围并无明显分界，遗物也没有明显的差别。为统一起见，现将南北两段遗址统称为"郑家屯西坨子遗址"。

郑家屯西坨子遗址地处半流沙地区，地表散布大量的石器、陶片、蚌片及细小的鸟、兽、鱼类的碎骨。20世纪30年代初发现用玛瑙和玉髓制作的刮削器、石核、石片，以及黑褐色的粗砂陶等。1948年后，几次调查所采集的细石器标本，大致有石叶、石镞、刮削器、尖状器、石核5类，均由石英石或各色燧石压剥制成。

石叶，又称小长石片。分单脊、双脊两式，以单脊居多。

（三）大金山古城址

大金山古城址位于新立乡林场大金山屯南150米处，所处地势较高，属东辽河冲积平原边上的土岗台地，地表为土壤化的风积砂。东邻南北向林带，南靠东西向水渠，西侧是双山至新立的乡道。

大金山古城址为方形，城垣大多垦为耕地，现仅据略高于地表的城垣残迹辨识。城墙系夯土筑成，经实测，周长为850米，其中东墙长220米，南墙长225米，西墙长210米，北墙长200米。四角筑有角楼，西北角楼尚存残迹，直径约10米，高出残垣1米许。其余三隅角楼及马面、城门、护城壕等难以辨认。

城内地表散布有建筑构件、陶瓷器皿残片等遗物，尤以城之中部一东西向漫岗上遗物分布较为密集，当是一处建筑遗址。

遗物中，建筑构件有青砖和筒、板瓦等，皆为泥质灰陶，瓦之背面有布纹。陶片为泥质灰陶，轮制。口沿形制多圆唇，有敛口、侈口和卷沿等。器底皆平底，有的还有小孔。多素面，少量饰有压印纹或附加堆纹。

瓷器以牙白釉为主，有细开片。口沿有侈口或敛口、圆唇、波状沿等。圈足有高、矮两种。

釉陶器多为缸胎大瓮口沿残片，敛口，圆唇，上施黑釉。

在城内还采集到一件板状石斧残段，系花岗岩质，近梯形，通体磨光，宽4厘米，厚1厘米，残长5厘米。

据调查，城内曾出土有石磨、石臼、铁锅、大瓮等遗物，其附近发现有瓮棺葬。石磨保存完好，分两扇，花岗岩质，上扇可按手柄，直径36厘米，厚11厘米。下扇直径为38厘米，厚8厘米。此外，城址东北200米处发现一灶坑址，有红烧土，灰烬遗迹，并出土有铁鼎等遗物。距城东北150米处曾发现一用石板砌筑的石室墓，现已不存。

据《东三省古迹遗闻》记载：高丽城，在双山东南七里许，又名老城，周围约三里，高丈余，破砖碎瓦，杂然满地，城基遗址，尤可辨认。现被附近居民开垦成田。每当春耕时，常得铜锅、铜镜及瓷碗、瓦缸等古器。所述古城的地理位置，即大金山古城。从城内出土众多辽金遗物推断，此古城当属辽金时代所建。

城外不远，有一青铜时代文化遗址，即大金山遗址。城址中出土的石斧残段似与该遗址有关。

（四）山东屯古城址

山东屯古城址位于卧虎镇孤店村山东屯西100米处。北靠一东西走向的沙丘，南临地势低洼的草甸。城西500米为林带。

因年代久远，加上自然和人为的破坏，山东屯古城址形迹难辨。

依据略高于现地表的部分城垣遗迹推断。城略呈正方形，边长约300米。南墙中间有一宽约15米的城门遗迹。东北角楼残迹尚存，直径为15米，残高约1.5米。城内地表散布大量陶瓷器皿残片等遗物。

陶片多为泥质灰陶，轮制，多素面，有少量饰压印篦齿纹。胎质坚硬，烧制火候较高。口沿多为圆唇，敛口，卷沿。

有缸胎釉陶片，器形硕大厚重，内外壁均施黑釉。

瓷片多为白瓷。可辨器形多为盘、碗等生活器皿，口沿形制多为圆唇或方唇，底有圈足。

依据遗物分析，这是一处辽金时期的古城址。

（五）王奔墓群

王奔墓群位于王奔镇光明村南500米处。东南距王奔镇镇政府2千米。地处东辽河、西辽河交汇的地带，属辽河冲积区台地的边缘地带。地势低洼平坦，距东辽河约5千米，距西辽河约2.5千米。西辽河的支流小清河，从北而东蜿蜒绕过墓地。

1982年4月王奔砖厂在施工过程中发现王奔墓群，吉林省文物工作队随即派人清理。

墓群面积较大，墓葬数量较多，多系小型墓，墓室一般长2米，宽1米左右。共清理15座。墓葬形制多样，葬式不一。有长方形、方形砖室墓，长方形土坑墓。其中以土坑墓居多，约占2/3。方形砖室墓仅有1座。砖室墓分券顶和叠涩顶两种，有的有墓道，有的无墓道，皆用青砖铺地。按葬式分，有单人葬、双人葬、二次葬等。

各墓之间排列有序，大致可分5行，呈西南—东北走向。

砖室墓分布于墓区东北部，土坑墓大多在墓区西南部。墓向均朝西北，有的死者口含铜钱。

随葬品以陶罐、陶壶为主，陶壶的数量居多。出土陶壶、陶罐13件，为泥质灰陶，少量呈黑灰色，腹下多饰篦点纹。陶罐均侈口，圆唇，小平沿，鼓腹，平底。陶壶多为喇叭口，圆唇，长颈，鼓腹，平底，有的有矮圈足。器形较小，口径5—6厘米，底径2—4厘米，高10—12厘米。最大的一件高51厘米，最小的一件高8.6厘米。

随葬品中还有辽三彩片、辽白瓷碗、长形骨管、圆形骨盒、漆盒残片、琉璃指环、铜镯、铁钉、铁刀、铁镞、铁饰件、铁马镫以及铜、玉、石、贝等不同质地的耳饰。有的墓还随葬有羊头骨。小铁刀带木柄，常出于死者左手处。

骨管2件，呈筒状，两端贯穿圆孔，一件长11.4厘米，另一件长8.6厘米，两件粗细相同，其中一件上刻画"人"字形纹饰。

铁镞为柳叶形，分单脊有铤和无脊无铤两式。骨盒，中间有孔，呈环状，有子母口，盒盖与盒身形状、大小相同，直径3.3厘米。

值得注意的是，在一座墓中，发现人头骨和下颌骨分离，右手指骨和脚趾骨皆无。在另一座墓中，人骨的右肢小腿骨断裂。还有一墓中死者头骨移位。上述3座墓均无随葬品。可能就是受酷刑致死的奴隶的墓葬。

从墓群的葬式、出土器物推断，这是一处辽代墓群。它的发现，为研究辽代契丹人墓葬形制、葬式、葬俗提供了重要例证。

（六）兴隆屯墓葬

兴隆屯墓葬位于兴隆镇兴隆村正南1千米处东西向沙岗的南坡。东距兴隆村至种羊场乡道1千米，南是东西走向的沙坨子，西南300

米为地势低洼的荒草地。

据调查，在20世纪60年代末，当地群众发现3座墓葬，均系青砖修砌而成。其中1座规模较大，内有7具人骨。

3座古墓现仅残留墓坑和零散墓砖，呈三角排列，间距约20米。墓地西7米许，有一小土丘，似古墓封土。墓地地表散布较多碎砖块和零星陶片。陶片为泥质灰陶，可辨器形为罐，斜直腹，平底，素面，底径约9厘米。根据发现遗物分析，墓葬当属辽金时期。

（七）那木遗址

那木遗址位于那木斯蒙古族乡那木村北300米的坨子上。那木遗址地处冲积平原的半流沙地区，地表多沟壑。

那木遗址南北长600米，东西宽500米。地表散布大量陶、瓷残片等遗物。陶片多泥质灰陶，夹砂褐陶较少。可辨器形多圆唇、直口的壶或罐，有的口沿下钻有小孔。褐陶口沿外侧饰有3条平行凸弦纹。灰陶片有的饰有篦点纹、篦齿纹和由篦点组成的带状纹、压印菱形篦齿纹等。

瓷片以白色为主。釉色光亮，白中泛黄。有的器表上饰铁花，器形多为盘、碗。

在那木遗址东南部，铁炼渣既多又集中，似为一处炼铁遗迹。

那木遗址范围较大，遗物丰富，是一处较大的辽金时期居住遗迹。

（八）桑树遗址

1957年，省博物馆在红旗街道桑树村四周，发现5处古代文化遗址，统称桑树遗址。其中，桑树后坨子遗址为青铜文化遗址，其余4处为辽代遗址。

东坨子遗址：位于桑树村东北2千米的沙丘上，沙丘呈东南—西北走向。遗物主要散布于南侧地表。

北坨子遗址：位于桑树村北2千米的沙丘上。遗物亦散布于南坡。当时在此处打了3个小探方。

南坨子遗址：位于桑树村南1.5千米的地方。遗物主要散布在东南—西北走向的沙丘脊部之平坦地表处。

官井西坨子遗址：位于桑树村北3千米，官井村西北1.5千米的坨子上。

桑树村及四周地区，处在双辽市冲湖积平原的南部边缘。距辽河冲积区很近，系东辽河、西辽河交汇的地带。

4处遗址文化内涵相同，所见遗物以陶器为主，多细泥灰陶，饰篦点纹、绳纹、指压带状凸纹。可辨器形多罐、瓮、碗、盆之类。还有缸胎釉陶器，外施白釉或赭釉。在官井西坨子遗址采集1件轮制灰陶器底，直径24厘米，内底印有"加巴胜利盆"5个字。还出土1件缸胎赭釉瓶，宽肩，口底直径相近。在北坨子遗址探方A中，发现大型灰陶瓮残片，唇外卷，鼓腹。另外，在南坨子遗址发现一件夹砂黑褐陶器底，为斜直腹，平底，直径6.5厘米，似为碗、钵之类。

桑树遗址中建筑构件种类较多，有青砖、布纹板瓦、筒瓦、花檐板瓦、兽面瓦当、莲花纹瓦当、鸱尾残块等。北坨子遗址还出土1个板瓦残片，凸面有1个阴文"上"字。

除陶器外，还有瓷器、铁器和铜钱。

瓷器中有宋定窑瓷片和辽金白瓷片，多碗、盘类。

铁器主要为铁钉，四棱形，还有铁片，呈直角三角形，上有钉孔。北坨子遗址探方 B 中，还发现一铁斧，形制与现代斧相似。

铜钱主要为北宋钱和"开元钱"。

北坨子遗址探方 C 中，发现有建筑遗址和带有单线刻画纹饰的银制残片。银片较小，略呈方形，边长 2 厘米，所刻图案模糊难辨，与农安县辽代古塔中发现的单线刻画佛像银片相似，当属辽代文物。

这 4 处遗址，多具有辽代文化性质，但莲瓣纹瓦当、绳纹瓦片、黑褐夹砂陶器底以及文字瓦等器物具有渤海文化特征。

（九）霍家遗址

霍家遗址位于范家村南 1 千米处，霍家坨子南坡的耕地之中。地势略有起伏。北 200 米为林带，南为开阔的岗地，东西两侧均为大道。距离东辽河、西辽河均 10 千米许，属东辽河、西辽河交汇的地带。

霍家遗址南北约 750 米，东西约 1 千米。地表散布大量的陶、瓷、铁器等遗物。

陶器皆轮制，火候高，细泥质。有灰褐、红褐、黄褐、黑褐等多种陶色，器表打磨光滑。多在唇、肩、腹、近底等处饰有规整的篦齿纹、刻画纹、波状纹、粗绳纹、附加堆纹等多种纹饰。可辨器形有壶、罐、坛、盆等。陶壶较多，多为圆唇，卷沿，宽肩，鼓腹，平底略内凹。其他器物口沿有侈口卷沿、敛口卷沿、直口圆唇或尖唇等。陶罐多带桥状耳。采集到陶纺轮 2 件，均呈圆饼状，系由陶片磨制而成。

在岗南坡一个东西长 70 米、南北宽 60 米的地带，堆积着青砖、布纹瓦、花缘板瓦、鸱吻等建筑构件。花缘板瓦，边沿呈长条形，上面印有 2 道粗绳纹、水波纹带或戳刺坑点纹饰。鸱吻均为残片。

陶器多碗、盘、罐类。白釉粗瓷碗残片居多，尖唇，口外侈，腹略鼓，矮圈足。釉色白中泛黄，有开片，近足无釉。器内底面有垫饼痕。尚有绿釉罐残片，施釉不均匀，有流釉现象，釉色光亮，有开片，壁薄坚硬，胎骨呈灰白色。还有少量清代青花瓷片。

发现铁钱一枚，文字不清，圆形方孔，比铜钱略大。

据调查，当地群众在该遗址中多次拾得有铤三角形铁箭头。还曾挖出铜钱一坛，重约 40 斤，多为北宋时期所铸。还经常发现瓮棺墓。

霍家遗址范围广，遗物种类和数量可观，是一处大型的辽代遗址，有大面积建筑遗址。

（十）哈拉火烧遗址

哈拉火烧遗址位于建新村哈拉火烧屯西，平齐铁路金宝屯火车站至双建火车站中间的铁道西侧的沙坨子上。这里正是西辽河冲积区与风积冲积区交界的地方，有一条明显的侵蚀陡坎。铁道东侧为坎下，地势低洼平坦，属于西辽河冲积平原。铁路西侧为坎上，地层表面为半流动的风积砂。陡坎的相对高度约 20 米。遗址范围不清。在风剥之地表和大沟中，发现有古代遗物，以陶器残片为主。

陶片分黄褐夹砂陶、泥质灰陶和釉陶 3 种。

黄褐夹砂陶不多，可辨器形多筒形罐，直口，尖唇，唇下有 3 条凸棱纹。有的饰有压印弧线纹样，器壁较薄，器形较小。

泥质灰陶，可辨器形多为壶或罐类，直口，圆唇，鼓腹，平底。腹下近底处，饰有压印篦点纹。

釉陶器多为缸胎。上施绿釉或白釉，有直口方唇、直口重唇和敛口平沿圆唇等形制。

还有少量红褐色泥质陶片。

此遗址应属辽金遗址，其中的黄褐夹砂陶应稍早。

（十一）吉顺屯遗址

吉顺屯遗址位于东明镇铁洛村吉顺屯北 500 米的沙坨子中，四周沙岗环绕，铁洛—勃山乡道正从遗址中通过。

吉顺屯遗址地表风剥处，暴露有零星遗物。以泥质灰褐陶片居多，素面，轮制，少量带有篦点纹。可辨器形有壶、罐等。形制多为喇叭口，平沿外侈，方唇，长颈，溜肩，鼓腹，平底。铁器有柳叶形铁镞和铁炼渣。铁镞两面刃，有脊，尖锋，横断面呈菱形，长3.7 厘米，当中宽 1 厘米。

根据发现遗物分析，这是一处辽金遗址。

吉顺屯遗址中还发现有少量夹砂褐陶片，陶色不纯，轮制，直口尖唇，口沿外侧饰三道凸弦纹，平底，有的带桥状耳。其时代应稍早。

（十二）六合一号遗址

六合一号遗址位于双山镇三合村六合屯东北角。六合一号遗址地势平坦，西北 1 千米处是温德河，东南 1 千米为三合屯。

六合一号遗址地处温德河畔的冲积平原，地势较低，沟渠纵横。

六合一号遗址现已垦作耕地，略呈方形，东西、南北各长 50 米。地表上散布有陶、瓷器皿残片。陶器为泥质灰陶，轮制。发现的口沿残片形制为侈口圆唇或微敛，平沿。还有釉陶片，泥质红胎，轮制，外内壁均施黄釉或浅绿釉。出土 1 件完整绿釉塔式陶罐，上有器盖。形制为子母口，鼓腹，平底，内外均施绿釉，口径 8.5 厘米，底径 9.5 厘米，高 17.5 厘米，盖高 6 厘米。器表绿釉多已剥落。

根据发现遗物分析，此遗址当属辽金遗址。

（十三）八里营子遗址

八里营子遗址位于八里营子屯，地处东西向漫岗之上，南面系一片稻田和沼泽地，北距长通公路约 1 千米。八里营子遗址已为民宅覆盖，采集遗物不多，出土一批较典型的辽代遗物。

陶器残片多细泥灰陶，素面，侈口，圆唇，平底。瓷器有瓷碗口沿及矮圈足残片等，白釉，施釉不到底。

征集器物有茶绿釉绳纹大瓮 2 件：1 件圆唇，敛口，宽肩，腹略弧圆，平底，肩和腹下饰绳索纹带，口径 44 厘米，底径 26 厘米；1 件敛口，直腹，小平底，颈之两侧各有 1 个桥状竖耳，通体施淡褐釉，腹下宿条凸棱纹，口径 5 厘米，腹径 10 厘米，底径 6.8 厘米，高 30 厘米。

八里营子遗址应是一处辽金时期村落遗址。

（十四）生辉屯遗址

生辉屯遗址位于王奔镇光明村西北 1 千米生辉屯西的耕地中，地势平坦，俗称西大崴子。地处西辽河冲积区与冲积湖区分界的陡坎上面，西距西辽河3千米，南临西辽河支流小清河，北为东坨子青铜文化遗址，东南约700米是王奔辽代墓群。乡间大道连接光明村和仕家子屯，将生辉屯遗址分成南北两部分，即南部的坎下部和北部的坎上部。

生辉屯遗址面积较广，南北700米，东西1000米。地表散布陶、瓷器皿残片和砖瓦等遗物。

陶片多泥质灰陶，有少量泥质红褐陶和黄褐陶，均为轮制，火候高，胎骨坚硬，器表打磨光滑。可辨器形有盆、罐、壶、坛等。形制为侈口平沿或敛口卷沿，圆唇，鼓腹，平底。有少量直口、尖唇陶器口沿。有的器壁上有钻孔。纹饰有压印篦点纹，多饰在腹或近底部，其特点与王奔辽墓群所出陶罐相同。陶纺轮呈圆饼形，系用灰陶片磨制而成，其中1件直径4.5厘米，厚1.7厘米。遗址处发现的砖、瓦、鸱吻残片等建筑构件皆泥质灰陶。板瓦背面有布纹。鸱吻残片呈半球状，似为陶兽的眼珠部位。

瓷器以白瓷碗居多，侈口，圆唇，斜直腹，圈足，壁较厚。

釉色白中泛黄，有光泽，有大开片，施釉不到底。碗内底有火烧痕。

还采集铁镢1件，平头有刃，呈凿形，后有方銎，长9厘米。

生辉屯遗址发现的遗物与王奔墓群的特点相同，是辽代居住遗址。

（十五）胜利遗址

胜利遗址位于服先镇胜利村西750米处漫岗的东南坡，已被垦作耕地。东西两面为林带，西北距转山子屯约400米。

胜利遗址东西、南北各长150米。地势呈南北高中间低的马鞍形，地表遗物主要有陶瓷片。

泥制灰陶片，轮制，素面为主，少量饰篦齿纹、波状附加堆纹。可辨器形多为陶罐，侈口，外卷沿，圆唇，平底，桥状耳。

釉陶多为大瓮残片，上施黑釉。1969年，当地群众在种地时发现一口瓮，敛口，圆唇，宽肩，腹略鼓，平底。口径27厘米，高48厘米。内盛许多瓷碗、盘，惜已散失。

遗址中瓷片不多。多为白瓷碗，圆唇，侈口，腹微鼓，矮圈足。釉色白中闪黄，带光泽，有细开片，釉不到底。

（十六）永加屯遗址

永加屯遗址分为一号遗址和二号遗址。

一号遗址位于永加乡永加村东500米的南坡。地势起伏不平，北高南低，呈缓坡形，遗址南北20米，东西80米。

二号遗址位于永加乡永加村北200米处。遗址北侧40米是坟地，西南10米是一片坨岗地，东20米是通向永加村的一条乡道。地势西高东低，呈长方形。南北70米，东西100米。

这2处遗址的遗物多暴露在沙岗上。有泥质灰陶、红褐陶、夹砂褐陶、黑釉缸胎釉陶以及白釉、青釉瓷器残片。其中以泥质灰陶居多，红褐陶和夹砂陶较少。泥质灰陶多为盆、罐等类器物残片，轮制，侈口或敛口，卷沿或平沿，平底，多素面，有的饰篦齿纹或压印纹，器壁上常有钻孔。1号遗址中还出土南宋绍圣铜钱、泥质灰陶罐和白釉铁花瓷片等。

另据调查，永加村四周曾发现不少古墓。砖石结构，无葬具，随葬品较少，大多已被夷为平地。在一号遗址东南800余米处的沙岗下坡，有不少青砖、石块，疑为古墓葬遗址。

遗物表明，这是辽金时代的村落遗址。

（十七）和亲里遗址

和亲里遗址位于双山镇合亲村西漫岗。北500米是水，南1千米是双山镇林场。一条乡道由东向西从遗址北半部穿过。遗址中砖、瓦、石片较多，被当地人称之为"石头地"。

和亲里遗址南北长700米，东西宽300米。地表遗物主要集中在中部的高岗上。陶器为泥质灰陶，多卷沿、鼓腹、平底的罐、瓶、盆、钵等器物残片。其腹下常饰篦点纹，有的在两道弦纹中间饰以水波纹。器耳为手制，环状。瓷片有的施黑釉，有的施牙黄釉，器形多为矮圈足的碗、碟等器物。还有釉陶瓷片，形制为敛口，平沿，鼓腹，平底，施褐釉。

和亲里遗址中曾出土铜碗、六耳铁锅、铜造像、铁镞和北宋铜钱等遗物。和亲里遗址东侧（即现在屯子中的村民住地），曾发现几处以石头或青砖垒砌的石棺和砖室墓，现已荡然无存。

出土遗物表明，该遗址应是一处较大的辽金时期的居住地。

（十八）安边堡遗址

安边堡遗址位于永加乡安边村北沙岗。东距小哈拉巴山水库1千米，西临一片林带，东面和北面紧靠一条通往架和稍屯的乡间小道。

安边堡遗址南北50米，东西约150米。南半部是一片沙坨，北半部已被垦作耕地。地表散布灰陶片、瓷片和缸胎釉陶片等遗物。陶器多敛口，卷沿或平沿，圆唇，鼓腹。有的上饰篦点纹。有一灰陶口沿为敛口，平沿，口沿饰有压印波状纹。缸胎釉陶片多施黑釉和浅黄釉。瓷片较少，施牙黄釉，瓷胎较厚，制作粗糙。

安边堡遗址附近曾出土1件釉陶大瓮，形制为敞口，鼓腹，平底，内外壁均施黑轴，口沿无釉。口径55厘米，高71厘米。还有1件石磨和1件铁犁铧。石磨为青石质，分上、下两扇。上扇四周有突起边棱，中间有圆脐，脐旁有1孔。下扇中间亦有脐。该磨现存当地村民家中。铁犁铧略呈三角形，与现代同类器物类近，现已失散。

从出土的遗物判断，安边堡遗址应属于辽金时代遗存。

（十九）兴隆屯遗址

兴隆屯遗址位于兴隆镇兴隆村正南200米处岗地。四周是沙丘和林带，南50米是草地。兴隆屯遗址范围，南北约40米，东西约30米。

遗址地表散布有大量泥质灰陶片、白瓷片。泥质灰陶片，多为素面，轮制。可辨器形有盆、罐，口微侈，尖唇或圆唇，鼓腹，平底，有的器底上有圆孔，有的口沿下有按压纹饰。发现铁器1件，形若扁条状，一端有钩，另一端有环。

该遗址应属辽金文化遗存。

在遗址中还发现少量夹砂红褐陶片和1件石斧残段，应属原始文化遗物。

（二十）双龙遗址

双龙遗址位于新立乡双龙村西 700 米处，在一条沙岗中段的南坡。呈长方形，地势北高南低。南北 150 米，东西 100 米。地表散见陶瓷残片，陶片为泥制灰陶，轮制，素面。可辨器形有盆、钵、罐等。其口沿为侈口或敛口，卷沿或平沿，多圆唇。瓷器多为瓶、罐类残片，侈口，尖唇或圆唇，斜直腹或鼓腹，矮圈足。多施牙黄釉。有的口沿下饰褐色弦纹。

遗址内曾出土缸胎釉陶瓷及泥质陶罐数件。大瓮为敞口，圆唇，短颈，宽肩，鼓腹，腹以下内收，平底，上施茶绿釉或酱釉。有的肩下饰 3 条平行弦纹。陶罐为细泥灰陶质，轮制，侈口，圆唇，鼓腹，平底，素面。有部分大瓮现仍存在当地村民家中。

双龙遗址应是一处辽金时期的村落遗址。

（二十一）前齐家遗址

前齐家遗址位于秀水村齐家屯东南角，距小哈拉巴山水库东北岸约 100 米。

遗址地势北高南低，呈长方形。南北 150 米，东西 200 米。已被垦为耕地。地表散见陶瓷片、建筑构件等。陶片为细泥灰陶质，口沿分侈口、直口和敛口，皆圆唇，鼓腹，平底，可辨器形多罐、盆之类。白瓷碗残片较多，侈口，圆唇，矮圈足。釉色白中泛黄，釉不到底。

据调查，遗址内出土过石磨、缸胎大瓮、陶罐、铁镞、石臼、铜钱等遗物。石磨分上、下两扇，均有圆脐，上扇脐旁有 1 孔。缸胎大瓮为敞口，圆唇，宽肩，鼓腹，腹以下内收，小平底，多酱色或浅绿釉。陶罐为细泥灰陶质，侈口，圆唇，鼓腹，平底。铜钱多为北宋铜钱。

此遗址应是辽金时代的村落遗址。

(二十二) 山玻璃遗址

山玻璃遗址位于山玻璃屯西北 700 米处的沙岗南坡。东南是山玻璃屯至耕云屯乡道，东为防风林带。遗址大部分在坨岗之上，地势北高南低，南北约 200 米，东西 300 米。

遗址地表散布大量陶瓷器皿残片、建筑构件以及铁镞等。陶片为泥质灰陶，皆轮制。形制多敛口，圆唇，平底，有的带桥状耳。纹饰有篦齿纹、索状堆纹、波状按压纹等。建筑构件多为青砖和布纹板瓦残片，均系细泥灰陶。陶器多为碗、盘残片，施牙白釉，釉不到底，侈口，圆唇，矮圈足。铁镞数量较多，有四棱锥形、柳叶形、平首扁凿形等形制。采集的 3 种类型的铁镞标本长分别为 12 厘米、9.5 厘米、4.2 厘米。凿头铁箭刃宽约 1.3 厘米。

山玻璃屯遗址应是一处较大的辽金遗址。

(二十三) 双建遗址

双建遗址位于那木斯蒙古族乡双城村套拉干土屯西坨子上。正处于风积冲积区与西辽河冲积区交界的陡坎上面。东面是一片草地，据传为西辽河故道。西面是那木林场的林地，郑家屯至金宝屯的公路在此通过。遗址东距双建火车站约 500 米，距西辽河约 4 千米。

双建遗址地表暴露遗物较少，仅有少量的灰陶片、釉陶片及陶纺轮等。灰陶片为细泥陶质，坚硬，素面或带篦齿纹。釉陶片系缸胎，上施白釉、酱釉、绿釉，或饰铁花，器形较大，多罐、瓮等器皿残片。纺轮系用缸胎釉陶器残片磨制而成，圆形，表面有釉。

1984年4月，砖厂在生产过程中发现一批窖藏文物。其中完整的器物有27件，分生活用品和生产工具两大类。有石器3件，骨器1件，瓷器4件，铁器11件，陶器8件。1984年10月，该遗址又出土铁器，均为形制相同的冰穿子，现存3件。

石斧：1件。磨制。上窄下宽，扁平梯形，通体磨光，斜弧刃。刃锋利，横断面呈椭圆形。刃宽4.2厘米，长8厘米。

石杵和磨石：各1件。

骨梭：1件。梭形，为半圆骨片磨制而成，长18.8厘米，最宽处3.1厘米，厚1.2厘米。

铁花白瓷罐：1件。直口，圆唇，宽肩，腹略鼓，底内凹，有圈足。外涂白釉，有细开片，上饰铁褐色花卉图案。口径11.2厘米，高11.6厘米。

铁花白瓷碗：3件，两大一小。大者口径16.4厘米，高7厘米，腹略鼓，釉不到底。内壁饰2道铁褐色弦纹及"王"字形叶纹样。小者口径14厘米，高8.4厘米，深腹，内壁饰有2条黑色弦纹和1道"6"字形草叶纹饰。

釉陶瓮：1件。直口，圆唇，溜肩，斜直腹。腹以下内收，小平底。上施茶绿釉，釉色不均。近底部有1个钻孔。高64.7厘米，底径24厘米。

紫釉陶碟：1件。侈口，圆唇，斜直壁，矮圈足。口径13.6厘米。

莲花纹黑陶罐：1件。圆唇侈口，短颈，宽肩，鼓腹，平底。颈部饰有网格刻画纹。腹饰刻画莲花图案，底部刻有"天"形符号，口径8.6厘米，高10厘米。

喇叭口四系瓶：1件。施茶绿釉。喇叭口，圆唇，短颈，流肩，鼓腹，平底。颈部置4个桥状竖耳，其一已残。口径12.5厘米，底径12.5厘米，高41.5厘米。

黑花四系瓶：1件。缸胎，施青灰色釉，釉不到底。侈口，圆唇，短颈，鼓腹，矮圈足，颈置4个桥状竖耳，残缺1耳。肩饰黑色弦纹施黑色蕃草花纹。口径5.8厘米，高25.4厘米，足径9厘米。其形制、纹饰都与辽阳出土的金代黑花四系白瓷瓶相同。

三系瓶：1件。施青灰色釉，釉不到底。小口，流肩，微鼓腹，圈足。颈部置3个桥状竖耳。口沿、器耳均残。肩和腹饰1—3道弦纹。口径5.4厘米，足径9.7厘米，高22.5厘米。

陶罐：计2件。均施绿釉，釉不到底。1件大口，重唇，宽肩，斜直腹。腹以下内收，小平底。口径22.5厘米，高30.6厘米。另1件，圆唇，侈口，宽肩，腹略鼓，腹下收束，小平底，高34.5厘米。

六耳铁锅：2件，其一已残。形制为平沿微外展，筒腹，圆底，腹置6个等距方形板状耳，耳宽7厘米，口径24.5厘米。

还有齿轮状铁车辐、铁环、铁斧、铁锹、铁锄、铁犁等生产用具9件，均与现代用物相似。

冰穿子3件，呈四棱锥形，有圆裤。裤长12厘米，进口处有1个圆孔。长分25厘米和32厘米2种。尖锋卷而且钝，似为使用所致。此系凿冰捕鱼工具。

在遗址中，还发现有灰层、灰烬和烧土块。灰层距地表约1米，厚 0.2 米左右。

这应是一处金代遗址，出土器物具有金代窖藏特点。出土时，所有器物依大小套扣在一起，零星小件则放置于铁锅内。出土的生产工具较为先进。犁、锄、锹等农具的出土，表明当时的农业生产已进入精耕细作阶段，与史书上金代重视农业生产、鼓励务农的记载相符。另外，辽代契丹人创造的凿冰钓鱼法已被女真人沿用。宋人程大昌《演繁露》记载了辽、宋时期在达鲁河钓鱼的情况：先在河面凿 4 个冰洞（叫冰眼），然后垂竿钓鱼。李焘《续资治通鉴长编》、宋缓《上契丹事》中有类似的记载。史书所载的凿冰钓鱼法已为出土的凿冰工具所证实。当时，春天凿冰捕鱼已成为经济生产的重要手段。

在遗址北 3 千米处，是大架坨原始文化遗址。石斧与骨梭似与大架坨遗址有关。

这一遗址的发现，为研究金代女真人的社会经济、生产状况以及生活习俗提供了实物例证。

（二十四）元吉遗址

元吉遗址位于双山镇元吉村元吉屯西南 1 千米处。北邻元吉屯至川头屯的乡道，西 200 米有一条南北向的小河。

元吉遗址地势较平坦，略呈长方形，南北长 200 米，东西宽 60 米，现已辟为育苗林地。地表遗物甚少，据调查，遗址中曾出土大量完整的辽金时期的文化遗物，如缸胎大瓮、灰陶盆、六耳铁锅、铁刀、铁犁铧、铁铡刀、马衔镳、铁马镫、铁车輨、瓷壶、瓷罐等。上述遗物多已损坏，现仅征集到其中 5 件。

黑釉双系壶：1件。小口，鼓腹，矮圈足。施釉不到底。口沿下置环状竖耳1对。器形较小，高10厘米，口径3厘米，底径4.8厘米。

多孔陶器：1件。外形呈长方体，表饰刻画纹。正中贯穿1孔。与此透孔呈直角相交的另一面开有2个透孔。

马衔镳：1件。锻制，由2只大铁环与2根端部系小环的铁棍儿连在一起组合而成。大铁环直径10厘米。长33厘米。

铁铡刀：1件。鼻有圆孔，柄为圆筒状。与现代铡刀形制相似。长68厘米。

陶盆：1件。细泥灰陶质。敞口，卷沿，圆唇。斜直壁，平底。

这一遗址当属辽金时期遗址。

（二十五）五道岗子遗址

五道岗子遗址位于那木斯蒙古族乡前进村五道岗子屯西200米处。五道岗子遗址地势呈慢坡状，北高南低。南有1—2米深的大坑，北为林带，西为通向合力村的乡道。

五道岗子遗址南北约200米，东西约300米，地表遗物丰富。

陶器皆泥质，分灰褐或黄褐两种。口沿有平沿、卷沿；侈口、直口；唇有尖唇、圆唇。有的器物附有桥状耳，扁平宽大，宽约4厘米。发现有大量红胎绿釉陶片。缸胎釉陶器发现较多，可辨器形有缸、盆等。其形制多为圆唇，敛口，鼓腹，平底或带圈足。有的上施黑釉。

瓷器有灰蓝釉和牙黄釉两类。器型大多系碗，其形制多为敞口，腹略鼓，矮圈足。灰蓝釉碗呈尖唇，侈口，略鼓腹，短圈足，高5—

6厘米，足径2—3厘米，流行于明末清初的器物。

这应是一处含有辽金遗物的明清遗址。

（二十六）白菜遗址

白菜遗址位于红旗街道白菜村西南500米的耕地中。当地人称之为前白菜房框子。

白菜遗址在耕地的东南部，四周为林带。遗址略高出地表，呈南北走向。长约150米，宽70米。

遗址地表散有大量的陶瓷片、青砖和板瓦残块。尤以青灰釉粗瓷碗残片最多。器形较厚重。形制为尖唇，腹略鼓，圈足，足径约3厘米。内外壁皆施灰蓝色釉，釉下绘有暗淡的青花。

陶片为泥质灰陶，火候高，较坚硬。少量陶片内壁涂层白灰。青砖、板瓦等建筑构件以及青石出土甚多，说明该遗址曾是一处颇具规模的建筑址。

当时，据当地群众介绍，遗址中出土过铜香炉、石臼、小石磨等遗物，现已散失。此外，遗址中还有缸胎釉陶残片和白釉铁花瓷片等遗物。

这是一处清代建筑遗址。遗址北200米远，有1处辽金遗址，称白菜一号遗址。白菜遗址中的白釉铁花瓷片等遗物似系白菜一号遗址的遗物。

二、器物

（一）铜器

1.青铜短剑

1983 年出土于今双山镇元吉村吉祥屯。保存完好。

此剑由琵琶形剑身、扁喇叭形剑柄和枕状剑首 3 个部分组成。剑身、剑柄为青铜铸造。剑首为矿石质枕状物，紧密镶嵌在剑柄上。

剑身长 33 厘米，茎长 4 厘米，最宽处 3.6 厘米。曲刃，刃叶下部稍外曲，上部近于平直，至顶端汇成钝锋。脊部与茎部是根连首的圆柱。脊有锉磨棱面，两侧有血槽。茎中部有伸向两边的横向凸起，使茎呈"十"字状。

剑柄呈丁字形，中空。前宽 5 厘米，长 11 厘米。柄首呈莲台形，饰有凸点纹，宽 9 厘米。顶端有槽，用以镶嵌枕状物。柄身呈扁喇叭状，饰有几何图案。图案分上下两格，均由"W"形凸纹和凸点纹组成，正中有一圆形钻孔。

枕状物系用铁矿石磨制而成，紧密镶嵌在柄首槽内，中间有交错的深沟槽，乃系绳之处。

此剑造型精美，铸造工艺精湛。剑身、剑柄、剑首同时出土，完好无缺，实为罕见。它为研究东北青铜短剑的分期分类提供了重要的实物。

这是青铜文化时期的一件珍品。剑的刃叶上部近于平直，下部曲弧亦不大，既与青铜文化早期的琵琶形曲刃剑有所不同，又有别于后来的直刃剑，属曲刃剑向直刃剑过渡的中间类型，大约铸于青铜时代晚期。

2.双马纹铜牌饰

1984年出土于今东明镇盘山村。

牌饰为方形，铜质，边长4.6厘米。牌饰正面为浮雕双马对卧图案，双马形态相同，两腹部相向，头部相反，后脚相接，一匹马前脚与另一匹的尾部相连。整个图案简明粗犷，工整。牌饰背面四角均有用于缝缀的孔鼻。

3.剑鞘铜饰

出土于今兴隆镇义勇村，1984年征集，保存完好。

铜饰呈扁圆形空筒状，由2片梯形铜片铆接合成，前窄后宽，2侧各有3个半圆形凸起，为铆合点。铜片压成弧形，镂空图案，相互对称，圆筒可以环套在剑鞘上。此铜饰造型精美，遍饰镂空花纹，与和龙渤海古墓中出土之刀鞘金饰在制作方法和造型上都有相似之处，应属渤海时期文物。

4.镂雕铜饰

出土于今服先镇天兴村，1984年征集，保存完好。

铜饰呈圆形，直径6厘米，厚0.2厘米。上面镂雕缠枝花纹，正中间有1个圆孔，孔径1.4厘米，周缘与孔倒无纹饰。制造粗糙。其形制与苏州七子山五代墓群一号墓中出土的圆形铜饰类近。年代无考。

5.青铜小刀

1984年出土于今王奔镇东岗村。

此刀系青铜铸造，因含铅锡量较多，呈黑灰色。刀为长条形，单面刃，刃部稍曲，刀背平直，有血槽，木柄稍残。长22厘米，刀身长13厘米，宽3.6厘米。小刀发现于一位身着盔甲的武士遗骸旁，甲片硕大厚重，似为辽代甲片。

此小刀应系辽代遗物。

6.铜丝手套

1973年10月出土于今卧虎镇骆驼岭辽墓，现存吉林省博物院。

该铜丝手套与今日手套形状相似。原为5指，现仅存3指，内有指骨残骸。铜丝很细，编织成菱形和方形细密小孔，孔隙均匀，手指处稍密，手腕处较稀疏，最后收拢成紧口。

给死者戴铜丝手套是契丹人独特葬俗。骆驼岭辽墓属辽代中期墓葬。该手套亦应与此同时。

7.花沿铜洗

出土于今服先镇安乐村。1984年征集，保存完好。

铜洗为黄铜质。口沿外展，外缘呈八弧，形似8个花瓣，斜直腹，平底。口径37.6厘米，底径27.2厘米。形制与公主岭市秦家屯古城和辽宁新民县巴图营子辽墓中出土的铜洗相同，为辽金时代遗物。

8.铜钵

出土于今服先镇安乐村。1984年征集，保存完好。

铜钵为黄铜铸造，口微敛，直壁，平底，口沿下有1圈凹弦纹。高6.2厘米，口径22.8厘米。与花沿铜洗同时出土，应属辽金遗物。

9.弯月形耳铜钵

出土于今服先镇安乐村。1984 年征集。

系紫铜制品。敞口圆唇，唇下有一周凹槽。腹略弧曲，平底，器耳系由 1 个扁圆形耳上托 1 个弯月形铜板构成，铆合在钵的腹壁上。口径 16.5 厘米，底径 12 厘米，高 5 厘米。铸造工艺精湛，器形美观，保存完好。

与花沿铜洗同时出土，属辽金时代文物。

10.铜钵

出土于今卧虎镇五星村。1984 年征集，保存完好。

铜钵系黄铜铸造，圆唇微侈。直壁，略有弧度。平底，无纹饰。高 7.3 厘米，口径 26 厘米，底径 21 厘米。器形与公主岭市秦家屯古城出土之同类器物相同，当属辽金文物。

11.龙形耳铜钵

出土于今卧虎镇五星村。1984 年征集，保存完好。

铜钵系黄铜质，圆唇微侈，斜直腹，略有弧度，平底，口径 18 厘米，底径 8 厘米，高 5.7 厘米。附 1 个龙形器耳，口衔钵沿，身尾卷曲，铆在钵之腹壁上。器物造型精美，形象生动，堪称一件艺术珍品，当属辽金时代遗物。

12.四兽铜镜

出土于今卧虎镇五星村。1984 年征集，保存完好。

镜为圆形，直径 9.6 厘米。圆纽。镜薄，光面隆起，边缘有凸棱，高 0.6 厘米。镜纽四周饰有凸起神兽纹，4 头神兽，背向镜纽，逆时针方向作昂首奔驰状。神兽纹外侧有 1 道凸起弦纹，弦纹与边缘中间，有凸起乳钉纹饰。造型古朴，形象生动。

此镜中的神兽与甘肃博物院收藏之金代承安三年（1198 年）四兽镜和内蒙古自治区额济纳旗西夏黑水城故址发现之铜镜中的神兽均相同，当属金代文物。金代四兽镜为仿古镜，其神兽源自南北朝的"仙山并四兽镜"中的神兽。但南北朝镜中的四兽仅作两两对峙的静止状态，而此四兽镜均作同向奔跑状，苍劲有力。其构图和造型别具特色，具有较高的艺术价值。

金代铜镜一般都有铭文。铭文内容多为官府画押，有铸造年代、地点等。此镜无铭文，可能为民间私铸之物。

13.龙纹铜牌饰

出土于今卧虎镇孤店村。1984 年征集，保存完好。

牌饰系青铜质，椭圆形。长径 4.6 厘米，短径 3.7 厘米。正面雕一卷曲青龙，外饰缠枝花纹，4 朵弧枝缠枝花纹连接在一起。图案精美，形象生动活泼，当属辽金文物。

14.铜鼎

1983 年出土于原向阳乡（今服先镇）洪福屯。铜鼎范铸，素面，子母口微外侈，直腹，底向外凸。口沿上置两个桥状器耳，底有 3 足，耳与足均残。高 12.5 厘米，口径 22.5 厘米。似为金代遗物。

15.鎏金铜造像

出土于今兴隆镇常熟村。1984 年征集。

造像为鎏金铜质。系一着盔披甲的武士像，面无髭须，一手一足已残，高 14.7 厘米。武士手执铁质武器，武器残损严重，其形难辨。造型甚精细。因无其他同出器物，年代尚难断定。

16.沿海处防千户之印

此印于1978年在今红旗街道义顺村发现。现藏吉林省博物院。

印为铜质，方形，长方纽。边长6.6厘米，厚1.6厘米，高8.1厘米。印文为阳刻八思巴文，篆体，共8个字，有边框。左起竖读，共4行，每行2字，字为"沿海处防千户之印"。印背右侧竖刻阴文汉字"沿海处防千户印"7字，是印文的对译，但缺"之"字。印背左侧竖刻2行阴文楷书汉字，由右向左，第一行为"中书礼部造"。第二行为"至正十五年月日"。印纽平面上方阴刻一"上"字。此印较当时其他千户印稍小。

至正十五年即1355年。这颗印为元末顺帝时所造。

此印未刻明所隶属的机构，但是，沿海处防应在沿海一带，此印在双辽被发现，与元末势力纳哈出等在双辽的活动有关。

17.征行万户之印

1978年于今红旗街道发现。

此印系金代官印，印为铜质，正方形，长方纽。边长6.2厘米，厚1.3厘米，高4.4厘米。印面框内为阳刻汉字九叠篆印文，共6字，书为"征行万户之印"。印的右侧边缘阴刻有竖书汉字"征行万户印"，印纽顶端刻一"上"字。

万户为金代世袭军职，统领猛安、谋克，隶于都统。据《金史》载：国初取天下，元帅之下唯有万户，所统军士不下数万人。天德三年（1151年），罢万户，改设节度使。

贞祐年间，复国初之名，但此时万户仅为正九品，四千户为一万户。至金末，甚至出现了无军而虚设都统、万户的混乱局面。

18.铜香炉

发现于今兴隆镇耕云村。1984 年征集。

香炉为铜质，平沿，口外侈，沿置两个桥状耳。短颈，鼓腹，下有 3 个乳状矮足，器表无纹饰，器底铸有 "大明宣德年制" 字款。口径 10 厘米，高 8.5 厘米，足高 1.5 厘米。为明代铜香炉。

19.景泰蓝香炉

发现于今兴隆镇耕云村。1984 年征集。

香炉略呈球形，直口，短颈，宽肩，鼓腹，圆底，下有 3 个兽面足，用螺丝固定在器底部。肩部有对称的 2 个小孔，似用来固定器耳的，耳已失。口径 4.7 厘米，腹深 6.5 厘米，高 8.5 厘米。

景泰蓝是我国铜胎掐丝珐琅这种特殊工艺品的俗称。这个香炉是一件造型精美，工艺精湛的泰蓝制品，系在铜胎上粘焊掐丝花纹，然后再填满珐琅烘烧而成。茶褐色釉地上饰蓝、粉、绿、黄、赭等颜色的莲花、菊花、牡丹花等图案。

此香炉应属明清遗物。

（二）陶器、瓷器

1.鸡腿坛

1974 年出土于骆驼岭墓葬。现藏于吉林省博物馆。

此坛为喇叭口，细颈，溜肩，腹下内收，有圈足。施淡绿色釉，釉不到底。高 34 厘米，口径 10.4 厘米，腹径 11.8 厘米，为辽代遗物。

2.鸡冠壶

1974年出土于骆驼岭墓葬。现藏于吉林省博物院。

此壶圆形，上置指捏纹样的环梁，下有圈足。施淡绿色釉，釉层薄脆易脱，施釉不到底。注孔较小，仅有米粒大小，当属冥器。高31厘米，口径3.3厘米，腹径11.4厘米，足径7.4厘米。鸡冠壶是契丹人特有的器物，多见于辽代早、中期墓葬中。此壶造型既高又圆，下有圈足，当属辽代中期器物。

3.绿釉陶瓮

出土于八里营子屯。1984年征集。

此瓮缸胎，形为圆唇，侈口，宽肩，腹微鼓，平底。器表施茶绿釉。肩部和近底部有凸起的绳索纹饰，高67厘米，口径44厘米，底径26厘米。此陶瓮为辽代器物。

4.篦点纹喇叭口灰陶壶

1982年4月在今王奔镇光明村辽墓群中出土。共计6件，均为泥质灰陶，圆唇，喇叭口，溜肩，但略有区别，可分4式。

Ⅰ式壶：2件。鼓腹，腹下饰有篦点纹，平底，高8.6厘米，口径5.2厘米，底径3厘米。1件现藏四平市博物馆，另1件现藏郑家屯博物馆。

Ⅱ式壶：2件。鼓腹，腹下饰篦点纹，矮圈足，高12厘米，口径5.8厘米，足径3.8厘米，足高0.5厘米。1件现藏四平市博物馆，另1件现藏郑家屯博物馆。

Ⅲ式壶：1件，斜腹，腹部满饰篦点纹。高13.2厘米，口径5.2厘米，底径4.4厘米。现藏四平市博物馆。

Ⅵ式壶：1件，与Ⅱ式壶相近，但比Ⅱ式壶口稍大，器身较矮。篦点纹饰于腹部。高10.2厘米，足径2厘米。现藏四平市博物馆。

6件陶壶保存完好，均系辽代遗物。

5.篦点纹灰陶罐

1982年在今王奔镇光明村辽墓群出土。

罐为泥质灰陶，直口，平沿，圆唇，短颈，鼓腹，平底，腹部有3条平行篦点纹带。高11.5厘米，口径7厘米，底径5厘米。当属辽代文物。

6.篦纹折肩陶壶

1982年4月在王奔乡光明村辽墓群出土，现藏四平市博物馆。

壶为泥质灰陶，喇叭口，圆唇，长颈，折肩，鼓腹，平底，腹下饰篦点纹。高15厘米，口径7.6厘米，底径4.8厘米。为辽代遗物。

7.喇叭口灰陶壶

1983年出土于今双山镇辽墓。

计2件。均为泥质灰陶，素面，圆唇外卷，喇叭口，束颈，球形腹，小平底。其中1件，口径8厘米，底径6厘米，器形矮胖。另1件器形近圆球状，口径10厘米，高16.2厘米，底径4.2厘米。系辽代遗物。

8.釉陶瓶

出土于八里营子遗址。保存完好。

瓶身颀长，敛口，筒式腹，小平底。口沿下有2个桥状竖耳，通体施淡褐釉，腹下有2道凸棱纹饰。高32厘米，口径5厘米，底径

6.8 厘米。此瓶造型别致，应系辽代文物。

9.绿釉陶罐

出土于今双山镇三合村六合屯。1984 年征集。

罐系泥质红陶，器表施绿釉。釉多脱落，有子母口，微内敛，鼓腹，平底，上有塔式器盖。陶罐制作精细。高 17.5 厘米，口径 9.9 厘米，底径 9.5 厘米，器盖高 6 厘米。当属辽代遗物。

10.黑釉双系壶

出土于今双山镇元吉村元吉屯，1984 年征集，保存完好。

壶为小口，溜肩，鼓腹，圈足，口沿下置对称双耳，表施黑釉，釉不到底。口径 3 厘米，腹径 8 厘米，圈足径 4.8 厘米，高 10 厘米。陶壶形制与前郭县塔虎城出土的同类器物相同，应系辽金时代遗物。

11.小口鼓腹灰陶罐

出土于今卧虎镇五家子村。1984 年征集，保存完好。

罐系泥质灰陶，圆唇，口微侈，鼓腹，小平底。素面。口径 12.5 厘米，高 31 厘米。为辽金时代遗物。

12.黑釉瓮

出土于今永加乡。1984 年征集，保存完好。

瓮系敞口，圆唇，腹略有弧度，腹以下内束，小平底。通体遍施黑釉，有光泽。口径 55 厘米，底径 30 厘米，高 77 厘米。形体高大，烧造工艺较精。当属辽金时代遗物。

13.陶盆

出土于今双山镇元吉村。1984 年征集。

盆器形较小，系泥质灰陶，卷沿，圆唇，斜直腹，平底。高7.8厘米，口径27厘米，底径18厘米。当属辽金时代遗物。

14.陶魂坛

1984年从今兴隆镇连丰屯西北的古墓出土。保存完好。

陶魂坛由上、下两部分组成，上覆一陶钵，下为一陶罐。遍施黑釉，侈口，圆唇，鼓腹，小平底。高36厘米，口径17厘米，底径15厘米。陶钵系泥质灰陶，素面，侈口，腹略鼓，平底。

出土时陶罐内盛有骨灰。辽金时期盛行火葬，此陶魂坛是盛骨灰的葬具，俗称瓮棺葬。

15.莲花纹黑陶罐

1984年在今那木斯蒙古族乡双城村双建金代遗址出土。保存完好。

陶罐系泥质灰黑陶质，轮制，侈口，圆唇，短颈，宽肩，鼓腹，平底。器表磨光，上饰刻画纹。在肩部饰一弦纹和一道连续半圆纹组成的纹带；腹部刻一出水莲花，图案简洁，线条流畅。底部刻有"天"形符号。口径8.6厘米，腹径13.2厘米，底径7.2厘米。似为辽金遗物。

16.青灰釉黑花四系瓶

1984年在今那木斯蒙古族乡双城村双建金代遗址出土。

此瓶造型古朴，缸胎，釉呈青灰色，有光泽，施釉不到底。器形为侈口，圆唇，短颈，溜肩，鼓腹，圈足。颈置4个对称的桥状竖耳，一耳残缺。肩有4道弦纹，腹饰蕃草花纹图案。高25.4厘米，口径5.8厘米，圈足径9厘米，圈足高2厘米。该瓶器形和纹饰与辽宁辽阳出土的黑花四系白瓷瓶相似，亦与德惠万安出土的白釉铁花瓷罐的纹饰相近，应属金代遗物。它对研究金代陶瓷工艺有一定的参考价值。

17.喇叭口四系瓶

1984 年在今那木斯蒙古族乡双城村双建金代遗址出土。

瓶为细泥陶质，器表施茶绿釉。形系侈口，圆唇，短颈，溜肩，鼓腹，腹以下内收，平底。颈部置 4 个对称的桥状竖耳，上印有若干点状纹饰，一耳残缺。口径 12.5 厘米，腹径 27.5 厘米，高 41.5 厘米，底径 12.5 厘米。此瓶器形较大，造型古朴，制作精细，应是金代遗物。

18.三耳瓶

出土于今那木斯蒙古族乡双建金代遗址。瓶系缸胎，稍残，表施青灰色釉，釉不到底。小口，溜肩，腹微鼓，腹以下内收，底有圈足。颈部置 3 个桥状竖耳。口沿、器耳已残。肩部饰 1 道弦纹，腹部饰 3 道弦纹。口径 5.4 厘米，底径 9.7 厘米，高 22.5 厘米。为金代遗物。

19.重唇大口陶罐

1984 年在今那木斯蒙古族乡双城村双建金代遗址出土。保存完好。

罐系细泥陶质，表施茶绿釉，釉不到底。轮制，素面。器形为敞口，重唇，宽肩，斜直腹，腹以下内收，小平底。口径 22.5 厘米，底径 13.2 厘米，高 30.6 厘米。当属辽金遗物。

20.釉陶罐

1984 年在今那木斯蒙古族乡双城村双建金代遗址出土。

罐系圆唇，侈口，宽肩，腹略鼓，腹以下内收，小平底。表施灰绿色釉，釉不到底。高 34.5 厘米，底径 14.5 厘米，口沿稍残。当属辽金遗物。

21.紫釉陶碟

1984 年在今那木斯蒙古族乡双城村双建遗址出土。

碟作敞口，浅斜腹，壁略弧曲，矮圈足。表施淡紫色釉，内壁近底无釉。口径 13.6 厘米，高 3.3 厘米，圈足径 6.8 厘米。当属辽金时代遗物。

22.釉陶瓮

1984 年在今那木斯蒙古族乡双城村双建遗址出土。

瓮系缸胎，甚坚固，表面粗糙。直口，圆唇，溜肩，斜直腹，腹以下内束，小平底，近底部有一钻孔。施茶绿釉，釉色不匀，有的地方釉呈酱色。高 64.7 厘米，口径 37 厘米，底径 24 厘米。当属辽金遗物。

23.陶铊

出土于今王奔镇高产村。

计 2 件，形制相同，似为一对。铊系褐色缸胎质，梨形。上端缩成 1 个小结并有 1 个钻孔，用以系绳。腹作圆鼓状，底平。表施黑釉，但仅上部残留一小部分，其余大多剥落。高 5 厘米，直径 3 厘米。用途不清，年代无法判断。

24.紫砂壶

1984 年在今东明镇七棵村发现。

仅残存壶身，呈紫红色。器形为筒状，直口，嘴、梁皆残。器底有"时大彬制"字款。壶身用白、黄、绿、粉等色彩绘作 1 支梅花、2 支菊花、1 只蝴蝶，釉彩呈浮雕式。口径 8.5 厘米，底径 1.7 厘米，高 13.4 厘米。

紫砂壶产于宜兴。时大彬为明代紫砂陶的著名匠师。此壶虽有"时大彬制"字样，但是否真为时大彬所制，尚需考究。应是明代器物。

25.印花白瓷碟

1957 年出土于今红旗街道桑树村辽墓。保存较完整，现藏于吉林省博物院。

碟为方形，花式口缘，斜直壁，平底，口部边长 11 厘米，底部边长 7.7 厘米，高 3.2 厘米。底外无釉。花纹均在内壁。碟内心印 1 朵突起缠枝牡丹花，花的四周有突起连点的边框。右下角印 1 只仰首行走的鸭子。内壁四面各有 1 个半圆形牡丹花纹图案。瓷胎厚薄有致，胎质细腻，釉色洁白，制作精美，绘画技艺娴熟。堪称辽代瓷器中的佳作。

26.六瓣花式小瓷碟

1974 年月出土于今卧虎镇骆驼岭辽墓中。现藏于吉林省博物院。

共计 13 件，大小式样相同。瓷碟釉色洁白晶莹，有光泽。胎质坚硬，胎体轻薄。器形为敞口外侈，花式沿，斜直腹，圈足。为宋代定瓷之佳品。

27.双系黑瓷罐

出土于今柳条乡大白村。1984年征集。

罐遍施黑釉，有光泽，釉不到底。器形为微敛口，圆唇，直颈，鼓腹，圈足外撇，颈肩之间置2个对称的桥状竖耳。口径13厘米，圈足径10厘米，高16.4厘米。当属辽金时代遗物。

28.铁花小口白瓷坛

出土于今红旗街道义顺三号辽金遗址。1984年征集。

坛系缸胎质，小口，短颈，溜肩，斜直腹，小平底。口沿已残。胎表先施白粉，上绘铁花，后敷牙黄釉，釉不到底。肩部和腹部各有2—3条平行弦纹，并有蕃草纹样，草叶舒展，线条浑厚、凝重。高50厘米，底径17.5厘米，口径13厘米。器形硕大，纹饰很有特点。具有金代陶瓷器皿造型的特点，为研究金代陶瓷工艺提供了宝贵的实物资料。

29.铁花白瓷罐

1984年出土于今那木斯蒙古族乡双城村双建村遗址。保存完好。

罐系直口，圆唇，宽肩，斜直腹，矮圈足，底内凹。表施白釉，釉色白中闪黄，有细开片，口唇无釉。罐表上绘铁花，肩部饰有5道距离不等的平行弦纹和1道纹带，近底部见1道弦纹，腹部绘有花卉纹饰，花瓣绽开，疏密有致。口径11.2厘米，高11.6厘米，圈足径4.6厘米。为典型的金代器物。

30.黑花白瓷碗

1984年在今那木斯蒙古族乡双城村双建遗址出土。保存完好。

碗侈口，圆唇，腹壁有弧度，圈足，底内凹。遍施白釉，釉不到底，釉色白中泛黄。近底部有 2 道黑色弦纹，且有黑色"6"形纹样。口径 14 厘米，足径 6.5 厘米，高 8.4 厘米。为金代遗物。

31.铁花白瓷碗

1984 年在今那木斯蒙古族乡双城村双建遗址出土。保存完好。

计 2 件。均为圆唇，口微外侈，腹略鼓，矮圈足。表施白釉。釉不到底，釉色白中闪黄。碗底内壁有 2 道弦纹，弦纹之间饰铁锈色草叶纹样。口径 16.4 厘米，足径 6.4 厘米，高 7 厘米。当属金代遗物。

（三）石器、骨器

1.石犁

出土于今茂林镇大兴村。1984 年征集，保存完好。

石犁系用青灰色玄武岩磨制而成。器身颀长，正面隆起，中有脊，背面平直，横断面略呈椭圆形。犁尖稍向上翘起，有使用痕迹。尾部较犁身窄。长 25 厘米。为新石器时代遗物。

2.石斧

1984 年出土于今那木斯蒙古族乡双城村双建遗址。保存完好。

石斧为青灰色玄武岩磨制。通体磨光，制作精细。形呈扁平梯形，上窄下宽。刃呈两面刃，斜弧形。长 8 厘米，刃宽 4.2 厘米。为青铜时代遗物。

3.石镞

计 4 件。石镞分凹底和平底 2 式。

凹底三角石镞计 3 件。1 件出土于今茂林镇乔家村木头板拉遗址，镞呈等腰三角形，燧石琢制，前端为尖锋，底边内凹，横断面为椭圆形。边缘均有精心压剥的痕迹，刃不很锋利。高2.1厘米，两翼宽1.5厘米，厚0.3厘米。另2件分别出土于今茂林镇榆树坨遗址和向阳屯遗址，均由白色石英石制成，形制与前件相似。其中，1件高1.8厘米，两翼宽1.4厘米，厚0.7厘米；另1件高1.6厘米，两翼宽1.5厘米，厚0.2厘米。

平底三角石镞1件。出土于今郑家屯街道大架坨遗址。呈等腰三角形，尖锋，平底，边刃锋利，横断面为椭圆形。边缘均有明显的压剥痕迹。高2厘米，两翼宽1.5厘米。

这4件石镞具有黑龙江昂昂溪文化的特点，属原始时期的狩猎工具，也是双辽市原始文化遗址中有代表性的典型器物。

4.刮削器

计7件，采用燧石或石英石琢制。可分为条形、桃形、圆形、多边形4种。

条形刮削器3件。分别出土于今茂林镇向阳屯遗址和木头板拉遗址，抹角长条形，分别为两边、三边、四边带刃。刃锋利，横断面呈橄榄形。四边均有压剥痕迹。长2至3.5厘米，宽1.3厘米。

桃形刮削器1件。出土于今郑家屯街道永红遗址。单面刃，一面凸起，一面较平。

圆头刮削器1件。出土于今郑家屯街道巨丰二号遗址。形体近于圆形，边刃锋利，有琢制痕迹，横断面为三角形。直径1.5厘米。

多边形刮削器2件。出土于今郑家屯街道西坨子遗址和永红遗址，呈不规则多边形。边刃锋利，一面有明显的二次加工痕迹。

刮削器是用来刮皮、切削什物用的工具，也是双辽市原始文化遗址中的代表性器物。

5. 石磨

出土于今新立乡大金山古城址。1984 年征集，保存完好。

石磨为青石质，分上下两扇。上扇厚 11 厘米，直径 36 厘米，中有圆形脐，脐旁有 1 个孔，四周有突起的边棱，棱高 4 厘米，一侧有半圆形把柄。下扇厚 8 厘米，直径 38 厘米。两扇相对的平面上，修凿有"人"字形平凹槽，用以研磨。当属辽金时代遗物。

6. 骨梭

1984 年在今那木斯蒙古族乡双城村双建遗址出土。

系用骨片磨制而成，质地坚硬，呈梭形，中间宽，两头尖，长18.8 厘米，宽 3.1 厘米，厚 1.2 厘米。为原始文化遗物。

7. 骨锥

1984 年在今王奔镇仕家东坨遗址出土。

系用动物骨磨制而成，呈四棱形，有尖锋，残长 8 厘米。为青铜时代遗物。

8. 骨管

1984 年出土于今王奔镇光明村辽墓。2 件，均保存完好，现分别藏于四平市博物馆和郑家屯博物馆。

均为磨制，呈圆管状，两端贯穿小孔。1 件长 11.4 厘米，另 1 件长 8.8 厘米。2 件粗细相同，直径 1.6 厘米。其中 1 件上刻有"人"字形纹样。骨管似为装饰品。

9.骨盒

1982年在今王奔镇光明村辽墓出土，现藏于四平市博物馆。

骨盒系用圆骨雕磨制成，外表打磨光滑。圆环形，盒盖与盒身大小相同，正中有直径0.6厘米的圆孔，子母口，扣在一起略呈圆球状，制作精巧。直径3.3厘米，厚1.6厘米，用途不详。为辽代器物。

10.骨刷

1980年出土于大哈拉巴山二号古墓。保存完好，现藏于吉林省博物院（原吉林省博物馆）。

骨制形似今用牙刷，磨制。刷身有孔两行，每行7孔，行间两端正中各钻1孔。圆柄，细长。刷长22.5厘米。

大哈拉巴山墓葬系辽代晚期墓葬，该骨刷当属辽代晚期器物。

（四）铁器

1.铁镣

出土于今永加乡安边村安边古墓。1984年征集。

铁镣原系2扣，为1副，现仅存1扣，呈开口圆环形，以椭圆形小环相系。使用时，将小环套联后加锁。扣直径9厘米。此镣扣与公主岭古城出土的辽金铁镣相同，应属辽金时代遗物。

2.三足铁锅

出土于今卧虎镇后六家子村。1984年征集。

锅为平沿，直腹，平底。半圆形器耳置于沿上，下有三足。一耳一足均残。耳高5厘米，外径32厘米，腹深5.5厘米，足高11厘米，高 22.5 厘米。此三足铁锅与前郭县塔虎城出土的三足铜釜形制相近，当属辽金遗物。

3. 铁锄

1984 年出土于今那木斯蒙古族乡双建遗址，保存完好。

该锄与现代锄形制相近。现仅存半圆形锄板，直刃，有长方銎。刃宽 25 厘米，銎长 3 厘米，宽 2 厘米，深 2.5 厘米。当属金代遗物。

4. 铁锹

1984 年 5 月出土于那木斯蒙古族乡双建遗址。保存完好。

锹身为扁平梯形，上宽下窄，上有安把的圆形裤筒。长 23 厘米，裤筒长 10 厘米，锹身上宽 22 厘米，下宽 16 厘米。当属金代遗物。

5. 铁斧

1984 年在双建遗址出土，保存完好。

斧身长方形，中部有一长 1.8 厘米、宽 1 厘米的长方銎。直刃，不甚锋利。身长 13.5 厘米，刃宽 6 厘米，背宽 5.4 厘米，厚 3 厘米。此斧与通辽市科尔沁右翼中旗吐列毛杜一号古城出土之金代铁斧形制相同，当属金代文物。

6. 六耳铁锅

计 2 件。保存完好。

较小的一件于 1984 年出土于今那木斯蒙古族乡双建遗址。平沿外展，直腹，球形底，腹置 6 个等距方形板状横耳。口径 45.6 厘米，高 24.5 厘米，耳宽 7 厘米。

另一件较大，于 1983 年出土于今茂林镇洪福村。锅口沿内敛，沿下有数道凸起弦纹，鼓腹，球形底，腹置6个外宽内窄的板状横耳。口径52厘米，高32厘米。

六耳铁锅，是金代比较常见的器物。

7.铡刀

出土于今双山镇元吉屯，1984年征集。保存完好。

铡刀呈长方形，前端有一尖状倒折的长鼻，上有圆孔；圆柄中空。长168厘米，刃长48厘米，中宽20厘米，柄长11.2厘米，为辽金时代遗物。

8.熨斗

1983年出土于今茂林镇洪福村。保存完好。

熨斗为侈口，斜直腹，平底，有柄，中空。口径18.5厘米，底径15.7厘米，高6厘米。该熨斗与六耳铁锅同时出土，当属辽金时代器物。

9.马衔镳

出土于今双山镇元吉屯。1984年征集。

衔镳两端为两个铁圆环，中间用两节铁链相系，长33厘米，圆环直径10厘米，此器物与通辽市科右中旗吐列毛杜古城出土的马衔镳相同，当属辽金时期遗物。

10.错金降魔杵

出土于今王奔镇金良村。1984年征集。保存完好。

降魔杵为铁质，杵身呈三棱锥体，三面有刃，前端聚作三角形尖锋，锋刃甚锋利。柄上端铸一罗汉头像，卷须，阔口，高鼻，大耳；

下端与柄身相接处铸一羊首，曲角，大眼，鼻回卷形成一孔。杵身每一面均有 2 条相交的凸起曲线纹饰，与羊头相接。该杵表面遍饰错金纹饰，长 19.2 厘米，柄长 10 厘米。该降魔杵铸工甚细，与北京雍和宫所藏降魔杵相似，但形体较小，似为喇嘛随身携带之物。

在此降魔杵出土地附近，曾出土一颗元代铜印。降魔杵很可能与之为同一时期遗物。

第三編

双辽的原始社会

双辽地区与我国东北其他地区一样，都经历了漫长的原始社会。双辽市的地上、地下，保存着丰富的原始文化遗址和遗物，这些材料是复原双辽原始社会面貌的主要依据。

早在六七千年前，双辽就有了人类活动的踪迹。在这之后漫长的四五千年里，在双辽活动的人已经开始使用陶器和磨制石器。在双辽地区，广泛活动着以普遍使用打制精细的细小石器为共同特征的原始部落，这是为了适应草原地区狩猎的特殊需求而发展起来的。在双辽及双辽西部、北部的草原地带，分布着很多同样类型的新石器时代遗址。这些遗址中出土了石片、石镞、尖状器、刮削器等，还有少量磨制的石斧、玉斧、玉环等石器、玉器。陶器有陶纺轮、陶盅、陶杯、陶豆、陶钵、筒形罐、刻画纹陶罐、陶壶等。

双辽境内的青铜时代遗址多达 30 处，特别是在 2007 年发现的"后太平遗址群"，分布地域广阔，文化内涵丰富，有新石器时代、商至战国时期、辽金元时期 3 类文化遗存。从后太平墓地和后太平遗址出土的陶器来看，虽然有相当一部分白金宝等文化的因素，但是其整体文化内涵有鲜明的地域特色，以大量素面束颈壶及刻画纹壶形鼎为代表的陶器群在吉林省境内尚属首次发现，是一种具有自身特色的以本土文化因素为主体的地方文化类型，与周边同期考古学文化存在明显差异。遗址中新发现的三足器，上部形似陶壶，底置3足，在其他地区和考古学文化中从未见过，专家们将其命名为"壶形鼎"。这些独特的陶器为研究东辽河下游两岸地区的青铜时代文化属性提供了重要线索。

可以想象，当时的人们主要活动在水草丰富的东辽河、西辽河两岸，张网捕鱼、捡拾河蚌，用石镞射猎动物，用刮削器获取兽肉和皮张，也储存贝类等水生动植物以补充食物，使用陶器盛水做饭，并且饲养了牛、羊、犬等动物。这时，男子负责捕鱼、狩猎，女子采集食物和负责家务。人们住在靠近水源的小山坡上，住着半地穴式的房屋。他们几个或十几个家庭联合在一起，组成氏族公社，多个氏族公社组成部落和部落联盟。

从出土的文物看，当时人们辛勤从事着农业生产，农业成为食物的主要来源，生产中主要以石器为主，用石斧砍伐森林，开发土地，种植耐旱的农作物，如黍和粟等，用石刀、石镰收割。当时也有少量的铜器，在"后太平遗址"发现了青铜器质的铜镞、铜刀、铜饰件、铜环等，但不是主要的生产、生活用具。男人和女人以骨簪束发，用贝、玉和动物牙齿装饰。另外，丰富的骨针和陶制纺轮的出土，说明编织和缝纫已经有了发展。

当时，狩猎仍是人们食物的重要来源。人们的生活安定。在大金山遗址发现用猪肩胛骨做的卜骨，这是占卜习俗存在的证明，是原始宗教观念形成的表现，说明人们在安逸的生活环境下，已经在精神生活方面有所追求。

随着生产力的提高，中原一带的先进生产技术逐渐传播过来，石

犁、陶豆、陶鼎、陶鬲等器物的出现，说明双辽的原始文化受到中
原文化的影响，锄耕农业有了一定程度的发展，生产能力和生活水
平得到极大提高，逐渐出现剩余产品，人们的私有财产越来越多。
在这种情况下，阶级的产生不可避免。到了秦、汉时代，双辽地区
的原始社会逐渐解体。

双辽历史上的古代民族

从前17世纪到前7世纪，我国中原地区经历了殷商与西周的奴隶社会，有文献开始记载了当时双辽地区的情况。

《左传·昭公九年》记载：王使詹桓伯辞于晋曰：我自夏以后稷，魏、骀、芮、岐、毕，吾西土也；及武王克商、蒲姑、商奄，吾东土也；巴、濮、楚、邓，吾南土也；肃慎、燕亳，吾北土也。

在《东北考古与历史（丛刊）》1982年第1辑中，历史学家张博泉在《肃慎、燕亳考》中指出：周之燕亳，即指肃慎西南至河北易涞的广大地区而言。据此推断，殷周之时，双辽地区应在"北土"之内。

春秋战国，乃至秦和汉初，活动在双辽地区的主要是东胡人和秽貊人。

战国时双辽大部分属于秽貊人。"秽貊"最早见于《诗经·大雅·韩奕》：溥彼韩城，燕师所完，以先祖受命，因时百蛮，王锡韩侯，其追其貊，奄受北国，因以为伯。"其追其貊"，即秽貊。《山海经》载：貊在汉水东北，其地近燕城之。吴承志《山海经地理今释》说，汉水即潦水，即今东辽河。如无误，则今双辽市之东部和东辽河沿岸应属秽貊之地。韩侯被封于秽貊之地，即今之东辽河南北，应包括今双辽市在内。

从春秋到战国，社会生产力迅速向前发展，中原社会发生了急剧变化，奴隶制度走向崩溃，封建制度取而代之。东胡人进入双辽，大约在战国后期。当时，燕国的疆域到达东北，东北地区南部的生产力达到相当高的水平。燕国曾派秦开东击古朝鲜。《三国志》记载：取地二千余里，至满潘汗为界。鸭绿江以西之地，尽入燕国版图，许多燕国人移居东北。秦始皇统一六国，将全国分为36个郡，东北的南部为辽西郡、辽东郡。陈胜、吴广发动起义，中原战火弥漫，东北地区相对安定，原燕、赵、秦一带的人相继移入东北，带去先进的文化和技术。西汉采用秦时的制度，据《汉书》记载，在东北南部设辽西郡、辽东郡。辽西郡，领 14 县，72645 户，人口352325 人，以锦州一带为中心，北到朝阳；辽东郡，领 18 县，55972户，人口272539 人，以辽阳为中心，北到铁岭、开原，双辽在其中。汉武帝时，西通西域，东到辽东，扩大了疆土。从这些资料可以看出，双辽隶属秦汉，成为多民族国家疆域的一部分。

东胡人进入双辽，大约在战国后期，燕破东胡之后。《史记·匈奴列传》记载：燕有贤将秦开，为质于胡，胡甚信之，归而袭破走东胡，东胡却千余里。与荆轲刺秦王秦舞阳者，开之孙也。燕亦筑长城，自造阳至襄平，……以拒胡。杨守敬的《战国疆域图》把燕北长城绘成自独石口起，经建昌、朝阳、医巫闾、新民南境而至辽阳。佟柱臣则认为，燕长城过阜新后，经彰武、新民、法库而抵开原。这比杨守敬所绘燕北长城的位置，向北伸展100多千米。依据上述二说，双辽在燕长城之北，距长城不过一二百千米，正是东胡人的活动区域。双辽出土的青铜短剑，当属东胡人的遗物。

扶余国建立于前200年。夫余是居住在双辽的古老民族，夫余、橐离、秽貊为同一族群。《史记》记载燕地北邻乌桓、夫余，这是在古代文献中对夫余的最早记载。金毓黻在《东北通史》里说：昌图县之北、开鲁县之东、长春县之西南，正为古扶余国之本部。说明此时的双辽隶属于渤海夫余府辖下。在双辽的今红旗街道桑树村，发现莲瓣纹瓦当、文字瓦、鸱尾，以及今服先镇出土的镂空剑鞘铜饰，都具有渤海文化的特点。《奉天通志》和《中国历史地图集》亦将秦、西汉时之双辽划入扶余属地。

当时，夫余国王遣使朝贡，汉武帝给予优厚的物品。121年，高句丽成为夫余的威胁。高句丽攻打玄菟（今沈阳附近）时，夫余国王派儿子尉仇台率领2万余人与东汉的守将合力击败了高句丽。193年，勿吉灭夫余，夫余的国王和贵族亡命高句丽。

1—2世纪，鲜卑族的势力已达吉林西部。鲜卑原是东胡的分支，东胡在汉初被冒顿单于击败，退居辽东塞外，居鲜卑山。他们游牧于西拉木伦河及下游的辽河与洮儿河之间，语言、风俗与东胡的另一分支——乌桓相同，从事畜牧和狩猎，居穹庐，随水草放牧，以毛皮为衣，善骑射。

魏晋时，鲜卑的势力已达西辽河流域。《三国志》载：鲜卑其地，东接辽水，西当西域。鲜卑部落联盟长檀石槐分鲜卑为东、中、西3部。《后汉书·鲜卑传》记载：从右北平以东至辽水接扶余、秽貊20余邑为东部。双辽之西部靠近原哲里木盟（今通辽市），应属东部鲜卑之地。西辽河和新开河沿岸的一些遗址中出土的滚轮压印纹和磨光暗条纹陶片以及今东明镇出土的一件双马对卧纹铜牌饰，均应属鲜卑遗物。当时，河东的大部分地区仍属扶余。《中国历史地图集》对扶余、鲜卑疆域的划分，在双辽境内，以西辽河、新开河为界。《三国志·魏志》载：正始五年（244年）九月，鲜卑内附，置辽东属国。鲜卑归属于魏，双辽西部亦应属魏之辽东属国。

92年，东汉大将军窦宪击败北匈奴，北匈奴西迁，鲜卑乃迁居北匈奴旧地，与留在原地的10余万匈奴人融合，势力日渐强盛，控制了广阔土地，从此吉林省的西部地区，包括双辽，成为鲜卑族的游牧地和统治区了。到南北朝时，东北地区，除辽西之一部属于北朝，其余之地为诸小部族所居处大抵为高句丽占领。双辽亦为高句丽所占。《新唐书·薛仁贵传》记载着667年金山之战：庞同善进次金山，衄虏不敢前，高丽乘胜进，仁贵击虏断为二，众即溃，斩首五千。这里的"高丽"即高句丽，金山当在双辽境内。《中国古今地名大辞典》"金山"条注：金山，在奉天省康平县，唐乾封二年（667年），薛仁贵破高丽于金山。山在开原西北350里辽河北岸。双辽未设治前，隶属康平，从地理位置看，金山应在双辽境内。

三国连年混战，后来司马炎建立西晋，北方各部族相继进入中原，出现了五胡十六国的民族大融合。此时，鲜卑族的慕容氏建立了前燕和后燕。

唐朝灭了高句丽，将其遗民移居各地。原依附高句丽的粟末靺鞨大氏一族，被迁住于营州（今辽宁省朝阳市），依附于契丹。696年，契丹的松漠都督李尽忠反唐，占据了营州和幽、冀等地。居住在营州一带的粟末靺鞨人和高句丽遗民，在首领大祚荣的率领下，东渡辽河，以牡丹江上游为中心，建立了渤海国。此时，双辽隶属渤海扶余府。

唐末，契丹崛起，渤海势衰。925年，辽太祖亲征渤海，夜围扶余府，次年拔扶余城，灭渤海，改渤海国为东丹国，封太子倍为东丹王，统治渤海旧地。双辽隶属东丹。渤海国从698年建立，到926年灭亡，共229年。

辽对双辽的统治

耶律阿保机灭渤海国后，吉林省的全部地区归于契丹版图，947年，其子改国号为大辽。

耶律阿保机对渤海国的统治，基本上沿用了渤海国原有的制度，采用了"因俗而治"的方针，对契丹、女真等游牧部族，采取契丹原有部族的统治方式，对汉人和渤海人等农耕居民，则采用中原封建地主阶级的统治方式。即采用"以国制治契丹，以汉制治汉人"的两种统治制度。同时，在地方管理上采用州县制和部族制并行的统治制度。

辽圣宗时期，将今天吉林省境内渤海、女真人民的反抗斗争镇压下去以后，便全力进攻北宋。1004年迫使北宋签订澶渊之盟，规定宋、辽以白河沟（今河北境内拒马河、大清河、海河）为界。这时辽的疆域空前扩大，是辽的鼎盛时期。领地有现在的内蒙古自治区、吉林、黑龙江、辽宁和河北、山西的北部地区，形成了辽、宋对峙的局面。

辽国有5个京道、6个府、156个州、209个县。今吉林省东部属于辽代的东京道，西部属于上京道。从地理位置看，当时双辽应分属辽之韩州、信州。辽圣宗耶律隆绪并三河、榆河二州为韩州时，州治在双辽西南40千米的五家子古城（今科左后旗境内）。韩州辖境可达双辽南部。信州隶属于东京道，州治在双辽东邻的秦家屯古城（今公主岭境内）。

辽圣宗时期，从中原掠夺了许多汉族人，迁到吉林西部地区，和当地少数民族共同开发边疆。汉人的充实，给双辽带来了空前繁荣，特别是农业有了迅速发展。在双辽发现的遗址和墓葬中，经常有铁犁等铁制生产工具出土，从中可以看出当时农业的发展状况和冶铁手工业的发展。辽代瓷器手工业的发展，也和汉人的流入有密切的关系。契丹原来用泥陶、皮革、金属、木材制作容器，后来在汉人的影响和帮助下，瓷器手工业逐渐发展起来，在烧制工艺方面继承了唐代的风格，在形制上虽有独特的风格（如鸡冠壶带有皮带条纹，还印有皮扣和缝线的痕迹），但大多数与中原汉人使用的碗、盘、碟、瓶等传统形制相同。如在双辽桑树村出土的白瓷印花方碟、铁花白瓷碗、辽三彩陶砚等，从形制、烧制技术、花纹来看，都反映出中原汉族的经济文化对契丹的影响。

辽初，《新五代史》记载，当时交易时无钱而用布，处于以物易物阶段，到了辽道宗时期，交易已使用货币，但没有普及，大部分是从中原输入的宋代铜钱，辽代自己铸造的铜钱则使用较少。在双辽出土的众多铜钱中，绝大多数为宋代铜钱，这说明辽代贸易的发展与宋朝有密切的关系。

辽代时居住在双辽的有契丹人、渤海人、女真人、汉人，还有突厥人、党项人等。当时人们使用的语言，据许亢宗《宣和乙巳奉使金国行程录》记载：杂诸国风俗，凡聚会处，诸国人语言不能相通晓，则以为汉语以证方能辨之。从中可以看出，汉语已经成为当时双辽境内各族人共同使用的语言。辽虽然有自己创造的契丹文字，但在碑刻上还使用汉字和契丹并用的方式。而辽代的铜钱都使用汉字，如在双辽出土的重熙通宝、咸雍通宝、大康通宝、天庆通宝等，这是汉族对辽有深刻影响的例证。

金对双辽的统治

女真族在不同历史时期有不同的名称：在殷、周时期称肃慎，两汉时称挹娄，南北朝时称勿吉，隋唐时称靺鞨。唐初有黑水靺鞨和粟末靺鞨。后来粟末靺鞨建立了渤海国，黑水靺鞨为其属部，到五代时改称为女真。大辽灭渤海后，黑水靺鞨成为大辽的部属。为避辽兴宗（宗真）讳，改称为女直，史书上所写的女直即女真。

天庆四年（1114年），完颜阿骨打汇聚2500人于淶流河（今拉林河）下游起义，以少胜多，攻取宁江州。1115年，阿骨打称帝，曰：辽以宾铁为号，取其坚也，宾铁虽坚，终亦变坏，惟金不变不坏，金之色白，完颜部色尚白，于是国号大金，改元收国。不久，占据今吉林全境。

金灭辽后，便对宋朝发动了长期战争。1141年冬，宋、金双方缔结盟约，东以淮水、西以大散关为界。金的疆域控制着今河南、河北、山东、山西、内蒙古自治区、辽宁、吉林、黑龙江等广大地区，形成了与南宋对峙的局面。

金初，大量的女真人和汉人移入吉林，双辽一带主要是契丹人。金把全国分为19路。路的总管府有府尹，兼任兵马都总管，掌一路兵马之权，兼领行政权。其下有府、州、县。从地理位置看，双辽应该属于韩州和信州管辖。此时韩州隶属咸平路，信州隶属上京路。韩州州治已迁至八面城古城（今昌图县境内）。后又迁至今梨树偏脸城古城。双辽境内出土之大量辽金遗物，与昌图八面城、梨树偏脸城、公主岭秦家屯古城出土之遗物多有相同。

1978 年，在今红旗街道出土了一枚铜印，该印为正方形，边长6.2 厘米，厚 1.3 厘米，纽高 3.2 厘米，重 715 克，钮背左上角刻楷字"上"，左侧刻"征行万户之印"。万户是金初设置，为世袭军职，统领猛安、谋克，隶属都统。金朝曾在蒲与路、胡里改路等地设置万户，为地方最高行政长官。从军事组织方面看，万户比都统设置得早。《金史》记载：国初取天下，元帅以下唯有万户，所统军士不下万人。可见，万户的地位相当高，万户亦称为"统军"。金代以百户为谋克，千户为猛安，万户为统军。海陵王天德三年（1151 年），为削弱宗室显贵势力，加强中央集权，罢万户，蒲与路等地方改设节度使。在金末元光年间，以 30 人为 1 谋克，5 谋克为 1 千户，4 千户为 1 万户，4 万户为 1 副统，2 副统为 1 都统。其万户为正九品，这时的万户地位远不如金初显赫。

女真贵族统治阶级在中原地区发动掠夺战争，使中原地区的经济遭受极大破坏，造成"淮汉以北地广人稀""汴京残破徒有虚名"的荒凉局面。双辽一带，由于受到战争破坏较少，再加上金初的大量移民，在各族人民的共同努力下，无论是农业、手工业还是贸易，辽代都有了进一步发展，从文献和考古资料方面可以得到有力的证明。据宋代许亢宗《宣和乙巳奉使金国行程录》记载：离咸平（今开原老城）北行，州平地壤，居民所在成部落，新稼始遍，地宜稷黍（泛指五谷）。可以看出，开原以北的双辽一带，土地肥沃，农业得到大力发展。在双辽金遗址中出土的农业生产工具中，有铁犁、镰刀、鱼形铡刀、梯形铁锹、小石磨、石臼等。这些出土文物大多数属于金代，辽代的生产工具则很少见。从犁的形制、组成部分和铸造的技术水平来看，金犁较辽犁先进，金犁更加灵便，辽犁则比较笨重。从金代农业生产工具的形制和技术水平来看，多与宋代相似，可以肯定，这是当时中原汉族农民向双辽一带传授先进生产工具和生产技术做出的贡献。

在手工业方面，从双辽金代遗址中出土的各种农业生产工具和各种生活用具来看，汉族人和女真人在经济、文化上进行了融合。双辽金代遗址中出土大量精致的瓷器，有碗、盘、碟等，这些瓷器胎薄，口沿无釉，有牡丹、莲花、双鱼等花纹。同时出土的有大量的缸和瓮等，这些缸和瓮黑釉缸胎，口沿无釉，形制特点是卷沿收口、鼓腹，小底。多数瓷器从形制、烧制技术以及花纹来看，几乎与当时中原汉族的器物相同。

在金代，双辽的冶铁手工业较辽代有了进一步的发展。从双辽金代遗址中，出土了铁马镫、铁镢、铁犁、六耳铁锅、铁熨斗等器物，可以看出，铁制农具和兵器无论是从数量还是质量上，都有了质的提高。

金代的铜镜有鲜明的特点。金代疆域内铜矿较少，铜因此而珍贵。故金代加紧了对铜的控制，所有铜镜均由官府铸造，并且在铜镜的边缘多刻有铸造的地点和官署名称，以证明此镜是官造而非私造。就是前代铸造的铜镜，也要经过官府的检验并在铜镜的边缘刻以签押才能使用。可见，金代对铜的限制使用是非常苛刻的。金镜有素面的，但大多数带有花纹，盛行双凤、双龙等图案，但在双辽金代遗址中发现的铜镜中，有四兽铜镜、海马葡萄铜镜等。

金代双辽的居民和汉族人在贸易上关系紧密。双辽金代遗址中有大量的铜钱出土，其中最多的是北宋的铜钱，其次是唐代的开元通宝，也有少量的辽代铜钱，如重熙通宝等。另外，在双辽境内经常发现由中原和南宋输入的各种铜镜，如前文提到的海马葡萄铜镜，就是当时双辽与宋贸易的实物例证。

金初，没有自己的文字，女真建国后，疆域扩大，加强了与各民族间的联系。由于当时没有自己的文字，而使用契丹文字感到不便，因而改为同时使用汉字和契丹文字，在石碑和铜钱上则完全使用汉字。此外，女真人改称汉姓的很多，如完颜改汉姓为王，乌古论改汉姓为商，乞石烈改汉姓为高，等等。金世宗为了巩固金的统治，曾实行了一系列的反汉化措施，如奖励女真本来的习惯风俗，禁饮酒，习骑射，学校使用女真语，禁止女真人改易汉姓，等等。但事实相反，随着女真人和汉族人之间的频繁接触，汉化日深。

金初，据《大金国志》记载，死者埋之无棺椁，贵族生焚所宠奴婢，所乘鞍马以殉之，但从双辽发现的金代墓葬来看，没有发现以奴隶殉葬的墓葬，这应该是贫富分化的原因。双辽发现的诸多金代墓葬中，把骨灰装入瓦罐中，在瓦罐上部钻一孔洞，约小指粗细，谓之灵魂通道。瓦罐埋入土中，没有任何随葬品，这应该是普通劳动者的墓葬遗址。

金代的社会矛盾在完颜亮时已经暴露出来。当时，金帝完颜亮为准备大举南侵，在正隆五年（1160年）大举征兵，西北路所有契丹男子凡在 20 岁以上 50 岁以下者，皆在征兵之例，因此激起了契丹人的反抗，东北的契丹部族大部分起义。在双辽一带，契丹人领导的起义军攻陷韩州（今梨树偏脸城），继而占据柳河县（今昌图八面城）和咸平（今开原老城）。在中原一带，汉族人反压迫斗争接连不断。各族人民的起义，削弱了金代的统治基础。正当此时，蒙古在北方逐渐强大，金代的统治在蒙古人、契丹人、汉人的夹攻下走向灭亡。

元对双辽的统治

在 8 世纪前后,蒙古各个部落游牧于额尔古纳河流域,其后逐渐西移,到 12 世纪中叶,在东起额尔古纳河、西至阿尔泰山的广大草原上,分布着许多大小不一的蒙古部落,当时臣属于大金。金对他们的统治采取分化、掠夺、剿杀、减丁等政策,给蒙古人带来很大灾难。

到 13 世纪初,成吉思汗统一了蒙古各部,开始对金展开进攻。金在东北及吉林地区的力量逐渐削弱。1214 年,金在东北的势力仅有辽东、上京等,双辽一带已尽属蒙古。1271 年,蒙古定国号为元,1279 年灭南宋。至此,蒙古统治者统一了中国,结束了中国几百年以来分裂割据的局面。

蒙古统治者进入中原以后,认识到他们原来的统治方法不足以应对当前形势。忽必烈即位后,认为维护与巩固自己的统治,"非用汉法不可"。必须改变原来的残暴和掠夺政策,采用中原历代封建统治阶级的制度,废除了成吉思汗以来具有很大分散性的逐级裂土分民的制度。在全国设 11 个行省,行省下设路、府、州、县。在辽阳设行中书省,统辖今东北全境。其下有七路一府:大宁路、广宁府路(为辽河西二路)、辽阳路、沈阳路、开元路、东宁路、水达达路

（即辽河东五路）、咸平府。辽河东五路主要管辖女真人，其他六路主要管辖蒙古人、汉人、契丹人等。开元路的管辖范围，据文献记载，大概可以推定为北至黑龙江口、东临日本海、南到朝鲜镜道的南端、西部包括松花江流域及辽河流域。双辽在辽阳行省开元路北境，属于开元路管辖。当时，双辽境内有蒙古人、女真人、汉人等。

蒙古统治者进入双辽地区，一度杀掠、屠城，使社会经济遭到巨大的破坏，建筑物多被摧毁。从双辽出土的文物来看，大多数是渤海、辽、金的文物，而元代的遗物发现很少。

明对双辽的统治

1368 年，明军攻陷了大都（今北京），推翻了元朝的统治，但元朝的残余势力仍然盘踞在明朝北部边疆一带。明军迫近北方蒙古地区时，辽东一带元朝的残余势力分化。元在辽阳行省的平章刘益，在洪武四年（1371 年）向明军投降。不久，元的旧部杀死刘益，依附于盘踞在金山的纳哈出旗帜下。纳哈出是元太祖成吉思汗麾下名将木华黎后裔子孙，是辽东方面的一大地方实力派。纳哈出本人曾为太平路（今安徽当涂）万户，1355 年为朱元璋所获，因系名门之后，被释北归，返回辽阳。辽阳行省是元代蒙古族居民及蒙古军队驻扎地较多的省份，因此是明朝初期残元势力较强的地区。盘踞在东北各地的残元势力，名义上仍奉元帝为正统，实则各置部众，多至万人，少至数千，无所统属，但在与明军对抗上，却是彼此相依，互为声援。纳哈出返回辽阳行省后，利用手中掌握的军队，不断扩张个人势力。元顺帝陆续加封纳哈出为辽阳行省左丞相、太尉、开原王等官爵。据《明史》记载：纳哈出拥 10 万部众屯于金山，实际上有部众 20 余万，是东北地区故元势力最强大的一支。屯驻金山，以东辽河、西辽河为屏障，以新泰州为大本营，这是纳哈出根据战略需要而采取的主要防范措施。据《钦定满洲源流考》记载，金山即今吉林省双辽市东北，辽河北岸额勒金山，今名勃勃图山，又称勃山。明军进入辽东时，纳哈出曾屡次派兵进扰，明军大败纳哈出于盖州，纳哈出逃至金山，但仍拒绝投降。明初时，把进攻的方向定在甘肃一带，所以对纳哈出的势力没有采取积极进攻的措施，待西北平定以后，便开始进攻东北。

洪武十年（1377年），明设辽东都司于辽阳，辖二十五卫二州。洪武二十年（1387年），朱元璋命冯胜为征虏大将军，傅有德、蓝玉分别为左副将军、右副将军，并令南雄侯赵庸、江阴侯关良、关阳公常茂、曹国公李景龙、申国公祁镇，率兵20万，进攻盘踞在金山一带的纳哈出势力。当明军进攻时，纳哈出从金山出兵应战，大败。后将其主力后移，于新泰州（城四家子古城）一带。这时冯胜率军打过金山至女真屯（今不详），明军势大，纳哈出部出现动摇和分裂。冯胜派蓝玉到一秃河（今伊通河）受降。纳哈出所部将士凡十余万，在松花江北遣散。据《全边略记》记载，冯胜又遣前降将观童往论之，于是其众投降，凡四万余，并得其名爱马，所部二十余万人，羊马骆驼辎重横亘百余里。《明史·冯胜传》中也记载，还至亦迷河（今饮马河）复收其残卒二万余，车马五万。最后纳哈出投降，随同纳哈出一同出降的残元官吏、将校三千余人，其中有元中央政权的中政院、宣政院、太医院、枢密院、大都督府，以及陕西行省、岭北行省、河南行省、甘肃行省等多地重要官员。这些官员中，王9人，国公、郡王4人，太尉5人，行丞相1人，司徒、平章13人，左丞、右丞31人，参政、知院32人，院使、同知、副使86人，金院、院判228人，宣慰使189人，万户、总管等927人。这表明，元政权被摧毁后，相当多的一部分故吏退入东北，集中在纳哈出麾下，试图东山再起。

1978 年在今红旗街道义顺村出土了一枚"沿海处防千户之印"。印为铜质，方形，长方纽，边长 6.6 厘米，厚 1.6 厘米，高 8.1 厘米，印文为阳刻八思巴文，印背右侧有汉文"沿海处防千户印"，与原印上八思巴文比较，少了一个"之"字，应是印文的对译，印背左侧第一行"中书礼部造"，第二行"至正十五年月日"，印纽上方有"上"字。至正十五年即 1355 年，为元顺帝时所造。此印未刻隶属机构，但沿海处防应不在双辽一带，应是元末蒙古国驻防在其他沿海的残余势力依附纳哈出而聚集在金山的证据。另外，在这一带还出土过许多铁箭镞，侧面证实了金山曾为元末明初时期古战场这一历史事实。

纳哈出的降伏，沉重打击了元的残余势力，为明统一东北铲除了障碍。纳哈出投降后，被明封为海西侯，洪武二十一年（1388 年），从明将傅友德出征云南而卒，葬于南京，其子后因蓝玉案被杀。明军大败纳哈出于金山后，到 1388 年，统一了东北，奠定了明在东北的统治。

1388 年，残元势力灭亡后，蒙古分裂为三大部，即鞑靼、瓦剌、兀良哈。三地互不统属。

鞑靼：活动于鄂嫩河、克鲁伦河及贝加尔湖一带。

瓦剌：活动于今科布多河、额尔齐斯河及以南的准噶尔盆地。

兀良哈：活动于西辽河、老哈河一带及其以北到嫩江中游一带。

1389 年，为吸引蒙古封建主前来归顺，在兀良哈地区设置兀良哈三卫，即泰宁、朵颜、福余三卫指挥使司，各领所部以安畜牧，皆隶属于大宁都司。双辽即归于兀良哈三卫的管辖范围。

明初，蒙古三大部以鞑靼势力最大，他们与瓦剌相仇杀，数往来塞下。当时明燕王朱棣为争夺帝位，与兀良哈三卫的首领关系密切，以后朱棣在发动帝位的内战中，三卫给予很大的支持。因此，明与兀良哈三卫一段时间内没有发生战争，贸易频繁。但鞑靼和瓦剌经常在北部骚扰。为了解除蒙古在北方的威胁，明成祖于1410—1424年率兵5次征讨，东北民间称"燕王扫北"，使鞑靼和瓦剌大败。在第3次扫北时，因兀良哈三卫曾跟随鞑靼的阿鲁台入侵，明成祖深入兀良哈地区，大败其众于屈裂河（今归流河）一带，兀良哈降明。至此，双辽等地归明朝统辖。

明朝对三卫等蒙古各部的统治，不是直接派遣官员，而是由蒙古贵族首领管辖，这些蒙古贵族首领由明朝授以官职，予以册封，并且承认明为宗主国，定期朝贡。

明朝对女真的统治，除了采取分化和武力镇压政策以外，还通过"赏赐"来笼络女真各部。当时东北的蒙古、女真各部到明朝朝贡的人数是很多的，并通过朝贡得到明朝的赏赐。蒙古和女真各部对明朝的朝贡品多是奢侈品，对明朝来说并不重要，而明朝的赏赐是女真等不可或缺的必需品。因此，"朝贡"和"赏赐"实际成了官方贸易的一种方式，通过这种方式，加强了蒙古和女真各部与中原的联系，促进了女真各部经济的发展和阶级的分化。这时女真各部逐渐发展起来，并相继大举南迁，进入了自渤海、辽、金、元以来封建经济文化比较发达的地区，女真社会经济的发展迅速，综合实力不断强大。

15世纪时，居住在辽河两岸的双辽人，喜战斗，好围猎，不树五谷，不种蔬菜，渴则取马牛羊之乳而饮之，当时男子悉秃头，戴皮壳帽，妇人打结垂戴桦皮筒，衣皮而不布帛，茹肉而不菽粟。这一地区的特色唯有皮张鱼鲜而已。据《明宣宗实录》记载，宣德七年（1432年），辽东总兵官巫凯奏，兀良哈三卫为阿鲁台所败，尽收其家口、辎重、牛马、田稼。据万历二十四年（1596年），朝鲜人申忠一在《旧老城》中记述：蒙古，车上造家，以毳为幕。可知，兀良哈三卫在明初已经有了农业生产，但主要还是过着游牧渔猎的生活，直到明末，农业生产仍然比较落后。

兀良哈降明后，因其领地内河流充沛，水草茂盛，又与中原恢复了往来，当地的经济有了较大的恢复和发展，这主要表现在兀良哈三卫的屯田及与明互市上。1387年，明朝在兀良哈地区设置大宁都司，进行屯田，每年给予耕牛、家具、种子，鼓励当地人耕种土地，从而使兀良哈三卫的农业有了较大发展，储粮足够数年边用。随着经济的发展，兀良哈蒙古的牲畜数量不断增多，但一些生活用品还是需要从汉人手中获得。1405年，明朝正式在开原、广宁设立马市，双辽一带有了民间集市。汉人以干绢、帛等手工业品，与兀良哈及女真人交换马匹，其间有土特产品交易。来自兀良哈蒙古的物品主要有牛、马、羊等牲畜及皮张、皮革制品，来自汉人的物品为生产工具（如犁、铧）和生活工具（米、盐、布匹）等。通过马市交易，各民族间互通有无，丰富了物资需求，满足了物资需要，提高了人民的发展水平，促进了各民族间往来。

明初，居住在黑龙江和松花江下游一带的女真各部，大部分还处在氏族制向奴隶占有制过渡的阶段。各部族之间经常发生掠夺战争，女真有许多部落不断由北向南迁移。管辖着包括双辽一带的兀良哈三卫也在永乐末年开始大举南迁，并屡次南下进攻明朝。到16世纪中叶，泰宁、福余、朵颜三卫被虎喇哈赤及魁猛可（元太祖之弟哈布图哈蕯尔十四世孙）所吞并，兀良哈三卫的领地嫩科尔沁部也被占领。嫩科尔沁部在察哈尔东北，嘉靖年间分为杜尔伯特、扎赉特、科尔沁和郭尔罗斯四部，双辽至此归科尔沁部管辖。

女真各部与兀良哈三卫的南迁，进入经济、文化比较发达的地区，学到了先进的生产技术和生产方式，势力日益强大起来，各部之间互相混战兼并，形成了几个强大的集团，最后被努尔哈赤统一。1616年，努尔哈赤建立大金，史称后金。

清对双辽的统治

努尔哈赤是猛哥帖木尔的后裔，姓爱新觉罗，父塔克世，祖父觉昌安，都是世袭的建州卫指挥或建州女真的首领。

万历十一年（1583年），努尔哈赤20岁，成为建州女真的首领。他以赫图阿拉为根据地，统一了分散的女真各部落，1583—1588年统一了建州五部，随后兼并了长白山三部。1593年，叶赫贝勒纳林布禄看到努尔哈赤不断壮大，恐不利于己，纠集扈伦四部、蒙古三部、长白山二部等九部之兵，分三路大举进攻努尔哈赤，被努尔哈赤大败。

1626年，努尔哈赤率军13万渡过辽河，进攻宁远，在攻城时身受重伤，不久死去。皇太极即位，即清太宗，1636年改国号为大清。

清朝时期，双辽主要是蒙古人的居住地，属于内蒙古哲里木盟（今通辽市）管辖地。清朝的统治者为了削弱蒙古各部的势力，将蒙古24部改编为49旗，分属于6盟。双辽之地为奉天将军管辖，系哲里木盟科尔沁部左翼硕达尔汗王及博多勒葛台亲王的游牧处所，属温都尔郡王领地。

清初，在双辽一带蒙古地区的开发迅速发展起来，在蒙古科尔沁十旗地方设立了屯田，成为军粮供给的重要地区。除了官屯以外，一般蒙古人的农业生产也有了一定的发展，但农业生产技术仍很落后。

据《蒙古杏林风土记》记载，农作非蒙古本业，今承平日久，所至多依山为田，既播种，则四处游牧，秋获乃耕。耕耨之术皆不讲，俗云靠天田。

《辽左见闻录》也有记载：经牛羊肉切碎于釜中煮之，加粟米少许，不设釜盖……甫半熟即食之，状若粥粟。他们在吃的方面仍以肉为主，以粮为辅，畜牧业在双辽一带地区仍占重要地位。

东北地区自康熙时期就被清朝统治阶级封禁，不许汉人开发，特别是在乾嘉时期，屡颁禁令，厉行封禁。清朝的这些措施并没有阻挡住人们渴望美好生活的步伐，乾隆以后关内大批的汉族农民突破种种人为障碍，进入东北各地，最早是进入辽河流域，其后随着流民的大量流入，逐渐向吉林和内蒙一带发展，最后进一步发展到黑龙江地区。

当时双辽地方空旷，人烟稀少，民间有"过了法库门，只见牲口不见人"的说法。关内各省进入双辽一带的，主要是山东、河北的破产农民，他们由于土地兼并、苛捐杂税，以及天灾人祸，冒着生命危险来到双辽等地。当时交通不便，他们都是挑担、背包步行而来。

据《鸡林旧闻录》记载，这些破产农民肩负行囊，手持一棒，用以过岭作杖，且资捍卫。刚进入双辽的农民，据《吉林通志》记载，始而为佣工远出投身服役，继而渐向旗人佃种田亩。《清高宗实录》记载，借旗佃之名，额外开荒，希图存身，旗人亦借以广取租利，巧为庇护。有的汉人在荒山旷野建造窝棚，聚族而居，并在其附近从事烧荒开垦。居住的人家越来越多，形成村落，这些窝棚的名称，便以最早在这里定居的某家窝棚为名。如在双辽红旗街道的金喇嘛窝棚、黑喇嘛窝棚、张喇嘛窝棚，在茂林镇的丁家窝棚，等等，就是此类。

窝棚的建立，始于18世纪中叶，大部分是在19世纪初到20世纪初建立起来的。乾隆五十八年（1793年），大批汉人进入双辽一带的蒙古地区，土地开垦面积进一步扩大，清朝统治者便设州、县，以便处理汉人和掌管税赋等事务。在嘉庆年间，有郑姓人在今双辽市区所在地开店，专供往来行人居住，以后住户逐渐增多，形成屯落，始称郑家屯。在同治初年，蒙王放荒垦地，郑家屯逐渐兴旺。同治五年（1866年），设立了昌图厅，郑家屯地区处于昌图厅境内。光绪三年（1877年），昌图撤厅设府，郑家屯一带归昌图府管辖。光绪六年（1880年），将军岐元将科尔沁左翼中旗和后旗的南部地方划给康家屯，设置了康平县。同年，郑家屯设分房主簿，隶属奉天省昌图府康平县。

光绪二十八年（1902年），在郑家屯设立辽源州，康平县西北部分地区划归辽源州。当时的辽源州辖有1镇4乡5社189屯11001户72100口。

双辽之北部蒙荒，旧称"采合新甸"，当时属长岭府管辖。据《双山县志》记载，1874年，蒙王弟与汉人博，博资甚巨，遂指采合新甸为孤注一掷，掷毕悔之，汉人索地，讼益急，达尔罕王固不许，讼20余年，累人多矣。光绪三十三年（1907年），徐世昌奏结，派员丈放，凡辗转而有债权者，……无不得地。为垦放土地，1908年，在东三省蒙务局主持下，制定《允放采合新甸等荒地抵还债办法》。

1909 年，设安垦局；次年，实行招垦。安垦局从辽源州移至蒙屯班达窝棚。放垦 3 年而成邑，即现在的双山镇。

双辽市境内明清遗址较多，但多与辽金遗址混杂在一起。从元到清，生活在双辽土地上的居民基本是蒙古族、满族和汉族。元、明、清的文物主要有青花瓷器、绘彩瓷器，还有许多宗教器物。元、明、清时期本地居民的宗教信仰变化较大，主要与种族不同的居民主体有关。8 世纪末，伊斯兰教传入。道光七年（1827 年），天主教传入。双辽市出土的错金降魔杵、鎏金铜造像、铜香炉、七宝烧三足炉、铜佛像等文物，为研究双辽不同时期的宗教文化提供了依据。

自清朝中期开始，内蒙古东部地区的草原就逐步有汉族流民开垦。到清朝末年，清廷推行移民实边的政策，大量农民进入原哲里木盟（今通辽市）开垦草原。清政府为了对这种开垦活动加以管理，常以官方名义设立机构，建立了各种"蒙荒局""荒务局"，来协助出放蒙荒。这一过程一直延续到中华民国前期。

巴林爱新荒务局就是民国初年设在内蒙古哲里木盟科尔沁左翼中旗的官荒局之一。现在我们引用该局在出放"巴林爱新荒"过程中形成的档案记载，对其加以简介。

民国元年（1912 年），科尔沁左翼中旗第 15 代和硕卓里克图亲王色旺端鲁布因挥霍无度，在北京等地欠下了巨额债务，无力偿还，无奈之下便呈请当时的东三省都督赵尔巽同意，并报经民国总统批准，出放其祖传的"卓里克图亲王自己牧场"，以荒价收入来筹还京债。当时所定的放荒地段隶属达尔罕旗境内，东至巴林他拉，西至爱新庙，南至小细河，北至辽河岸，长约 50 里，宽 30 里。此荒段东至巴林他拉（今通辽市科尔沁区街区东南），西至爱新庙（今科尔沁区西六方乡幸福村东），故称之为巴林爱新荒。为了监督出放此荒，当时由东三省都督遴派大员，会同筹拟设局，名为巴林爱新荒务局。该局自民国元年五月七日开办，使用的印章为长9.5厘米、宽5.7厘米的长方形关防，上书篆体阳文"巴林爱新荒务局之关防"。

民国初年东北地区行政机构变动频繁，因此该局先后归属东三省都督、奉天都督、奉天行政公署、奉天巡按公署管辖。其主要职能是在丈放巴林爱新荒中拟制放荒章程办法、组织勘丈荒段、制发各种照单、代收所交价费、协调荒务关系。同时，它兼办一些当时奉天省署在科尔沁一带的临时性事务，如代往哲里木盟所属十旗向王公们宣慰安抚，代往科尔沁左翼中旗致祭去世的达尔汉亲王福晋等。

该局自成立以来，即设总办一人，后来改称为局长。首任局长为黄仕福，当时的职衔是"总办巴林爱新荒务正任呼伦贝尔兵备道"，后来改为"巴林爱新荒务局总办"。第二任局长沈文燮，职衔是"巴林爱新荒务局局长"。

该局内部并未分设机构，但人员分工明确。除总办外，设有"主稿兼总稽查、稽查、帮稿、收支、庶务兼帮收支、管票照兼清讼、督绳、监绳、绘图、收发兼监用关防、核册兼解运、正司书兼管卷"等委员，还设有"翻译司书、副司书、随绳司书"等司书，以及局役、绳夫、木匠等。

该局自开办以来即驻扎在当时的辽源县城（今双辽市内）。它首先丈放了巴林爱新荒原定的本段荒地，后来因为在这些荒地中扣除了"沙坨碱渍不堪耕种之地"和"辽河泛滥冲毁之地"之后，卓里克图亲王色旺端鲁布认为"所放实荒不足原额，难敷抵债"，所以在多费周折拖延数载后，又将"最称膏腴""土质最优"的"河南、河北两段荒地"加以补放，并退换了被水冲淹之地。在1916年夏，历时4年多的出放巴林爱新荒务才基本告竣，该局于当年7月20日撤销。所余局务之事，归并到当时另一个荒务机构，由达尔汉王旗河南北荒务局来"兼办巴爱未完事宜"。

　　1909年5月，奉天省设洮昌等处分巡兵备道。

中华民国以来双辽的建制

1913年12月，辽源改州为县，名辽源县，县城在郑家屯。

1914年9月，设双山县，因其境内有大、小哈拉巴山，取名双山县。县城在双山。属于二等县，归属奉天北路观察使管辖。

"九一八"事变后，日本关东军派出第29联队侵占双山、郑家屯。1932年3月1日建立了双山县公署和辽源县公署。1931年10月26日，成立双山县地方维持会。

1940年10月1日，伪满将双山、辽源两县合并，取两县名首字，称为双辽县，公署设在郑家屯。

1941年，日伪增设四平省，把双辽划归四平省管辖。

1945年，"九一三"胜利后不久，民主联军解放了双辽县。10月，正式成立中共辽源县委，这是我党在郑家屯设立的第一个权力机构。11月组建中共双山县委。并把双山、辽源两县划归中共辽吉二地委管辖。郑家屯一度成为辽西行署和西满分局的驻地。

1946年1月30日，双山、辽源分别召开两县临时参议会，选举了政府人员，建立了民主政府。

1946年5月，四平保卫战之后，国民党军队于23日侵占了郑家屯。同时，双山、卧虎一带，为蒋军占领，双辽县北部未被国民党军侵占的地区与长岭县合并，叫双长辽县。

1946年6月至1947年4月，双山、辽源两县属国民党辽北省省政府所辖。

1947年5月15日，解放军攻克双山，双山获得第二次解放。1948年9月建立了区、村政权组织。1948年5—11月，辽北省省政府进驻郑家屯。1949年5月，辽北省并入辽西省。

1955年8月撤销辽西省。

1959年3月，划归四平专署管辖。现归四平市管辖。

1996年5月20日，经中华人民共和国国务院批准，双辽撤县设市，称双辽市（县级市）。

截至2017年，双辽市辖6个街道、8个镇、4个乡（含1个民族乡）。

第四编

双辽英雄小故事

古往今来，双辽地区英雄辈出，其惊天动地的壮举令后人牢记于心。

一、于海川

于海川，1878年生于贤良窝堡（现双辽市辽东街金良村六屯），从小务农。"九一八"事变前，任雁翎区自卫小队长，带领二三十人打土匪，保家乡。1932年，于海川的妹夫陈亚新从日本留学归来，出任辽源县县长，于海川被委任为辽源县自卫大队大队长。于海川经常出入日本驻郑机关，耳闻目睹日本侵略者残害中国人的暴行，便想辞去自卫大队队长职务。日本人为了利用中国人打中国人，不但不允许他辞职，反而派他带领县大队去剿匪。于海川在围剿地方武装时，念其都是中国人，故意网开一面，日本人知情后，在军事会议上扬言要解散自卫大队，杀死于海川。

此时，日军大量召集伪军，扶持傀儡。日本人利用甘珠尔扎布建立"蒙古独立军"，又与哲里木盟左翼后旗首领包善一、科尔沁左翼中旗韩舍旺联合，将"蒙古独立军"改为"蒙古自治军"。

1930 年 10 月，东北军事委员会步兵训练组少将组长高文彬等人来到双辽周边地区组织蒙汉人民共同抗日。他派人与包善一、韩舍旺联系，邀请他们二人到距通辽东 50 里的黑坨子（今通辽市角干乡黑坨子村），高文彬对他们晓以民族大义，要他们接受改编，参加抗日。这次谈话后，包善一被委任为辽北蒙边骑兵总司令，韩舍旺为副总司令。

1932 年春，高文彬进入辽源（郑家屯），与有抗日倾向的辽源县自卫大队大队长于海川、郑家屯自卫团团长田兴涛、原双山县自卫团团长张子斌联系，把辽源一带的抗日武装编为 3 个支队，于海川为第一支队支队长，田兴涛为第二支队支队长，张子斌为第三支队支队长。1932 年 5 月，高文彬对部队进行了改编：包善一为第一梯队司令，韩舍旺为第二梯队司令，李海山部为第三梯队司令，刘震玉为第四梯队司令，热河谢国忱为第五梯队司令，由沈阳投奔高文彬的刘海泉为第六梯队司令。此时，高文彬的队伍人数达到 4 万。

此时，于海川在一些爱国人士的帮助下，以剿匪为名，向日本人要枪支弹药，装备自卫大队。为了扩大队伍，于海川先后收编了愿意抗日的"南侠""六合"等土匪绺子。

1932 年 10 月 14 日，高文彬在包善一的老家大蒿子屯召开军事会议，决定攻打辽源县城。按照计划，高文彬率部亲自攻打城南门，李海山攻打城南的铁路沿线，独立团白玉梅攻打火车站，刘震玉攻打城西门，于海川、张子斌攻打城东门，田兴涛于城内策应。27 日凌晨 2 时，义勇军向城内日军发起攻击。高义斌率先从西南攻入市区，到柴火市场（现邮政局西），被日军放火阻挡了进攻路线，再加上铁丝网的阻隔和猛烈的炮火，进攻受阻；白梦梅率领独立团攻入火车站附近，放火烧掉一座仓库。其他部队按照部署发起进攻。这时，城内的田兴涛部举兵策应，日军顿时大乱。部分日军窜入工事进行抵抗，双方发生激战。战斗一直进行到下午1时，从四平增援的1 500多名日军赶到，从南、北两面向义勇军发起猛烈进攻。随后20余架日军飞机扑来，在义勇军阵地进行轰炸，义勇军伤亡惨重。下午4时许，日军进攻更加猛烈，从南、北两个方向进行夹击，妄图消灭义勇军。在众寡悬殊的情况下，为避免更大伤亡，义勇军果断撤出战斗。此役，击毙日军340人，义勇军伤亡156人。高文斌率部队从金宝屯绕道进入康平一带，继续同日军战斗。1932年11月27日，高文斌在杜家窝棚一带被日军包围，义勇军战至弹尽粮绝，大部牺牲，高文彬被俘，结局无从知晓。于海川、田兴涛、张子斌等不愿离开家乡，到大蒿子屯包善一处躲避。包善一翻脸，把于海川等人逮捕，押送到郑家屯，交给日军。面对日军的严刑拷打，于海川等人坚贞不屈，于海川被定为"国事犯"，判为"要事查人"（管制人员）。1936年，于海川因妹夫陈亚新等保举释放，1945年病逝于郑家屯。田兴涛、张子斌二人，进入日军监狱后，再无消息。

二、杨氏三雄

"九一八"事变后，不甘忍受奴役和压迫的中国人，自发地组织起来与日本侵略者进行顽强的斗争。郑家屯铁路乃至平齐线的铁路职工频频开展卓有成效的对日斗争。

大土山车站是四洮铁路上的一个小站，但地理位置重要：沙丘连绵，地势险要，是往来列车的必经之路。住在这里的杨氏三兄弟都是铁路工人。日寇侵占中国后，他们每每看到在自己的铁路上运载着用来打自己人的物资和军火，就义愤填膺。他们三兄弟秘密组织了20余名铁路员工，活跃在大土山、卧虎屯、骆驼岭、玻璃山一带的铁路运输线上。只要是知道日寇的军火列车在此通过，他们就采取行动。

1933年的一个秋天，他们听说日本侵略者的军火列车要从大土山铁路线通过，三兄弟就带领20余名员工松动了一段铁轨的鱼尾板，致使这趟列车通过时脱轨。又一天，日本侵略者一列满载着物资和军火的列车要在郑家屯到太平川这条铁路线上经过，三兄弟得知后，带领20余名员工又卸下一段铁轨，使列车又一次颠覆。日军经过调查，认定事情是杨氏三兄弟所为，气急败坏，下令搜捕。三兄弟平时受群众爱戴，因此群众采取各种办法掩护他们。一个名叫沈勋章的工头，见日寇到处抓三兄弟，唯恐三兄弟遭遇不幸，就偷偷地把三兄弟藏到亲戚家。日寇知道是沈勋章把三兄弟藏起来了，就找借口搜查。在搜查时，日本人木夏的狗乱吃沈家的东西，被一名工人看到打伤，日本人借机抄了沈勋章的家，并打伤了他的家人。工人们纷纷抗议，日寇借机说工人闹事，带着机枪包围了沈勋章家。由于工人手无寸铁，沈勋章和工人们只好从后门逃走，杨氏三兄弟随着撤走，逃到黄花甸子（现红旗街道大土山飞机场附近）时，工人于河腿被子弹打断，沈勋章被日本侵略者杀害，全身被刺了70余刀，令人惨不忍睹。杨氏三兄弟在混战中打死了两个日本人，然后逃走。

此事件发生后，三兄弟更加仇恨日本侵略者，为了给牺牲的兄弟们报仇，他们通过认识的工友，多次制造了日军列车颠覆的事件。

从 1933 年到 1934 年，三兄弟破坏日寇军火列车有几十次，有力地打击了日寇。三兄弟被当地群众称为"杨氏三雄"。

三、祝化申

祝化申，祖籍热河，猎人出身，枪法好。"九一八"事变后，他参加了抗日义勇军，在辽西走廊一带同日本侵略者展开游击战，后因兵败，部队被打散。1937 年，祝化申举家迁往辽源（双辽）县安边堡村落户务农。

1945 年 8 月初的一天，祝化申去离家 6 里的王家喝喜酒。听乡民议论说，早上有人看到一个日本兵用水壶来村子里井台边灌水，估计村外野地里还有日本兵。祝化申闻知，便身佩一把短刀，同王安一起向村西走去。刚出村子不远，祝化申二人便发现有八九个日本兵东倒西歪地在高粱地里吃东西、休息。日本兵的身边有 3 支步枪，立在一起，每个人身上都带有 4 枚手榴弹，但不见有短枪。祝、王二人走近日本兵，说准备让他们到村子里吃饭，日本兵里面有 2 名懂一些中国话的，听祝、王二人劝他们去村子里吃好的，还有酒喝，非常高兴。祝化申趁他们注意力分散的时候要，以迅雷不及掩耳之势，冲到架起的枪支处，操起枪，先撂倒一个贼眉鼠眼的日本兵，王安趁此机会拿着撸子朝日本兵连放 2 枪，但没打中，自己却吓跑了。

这时，日本兵意识到情况不妙，有一人欲要抢枪，祝化申不愧是见过世面的老兵，立即开枪打死这个日本兵。没容日本兵缓过神来，他又用刺刀扎住另一个。祝化申控制了另外 2 支枪。又一个日本冲上前来要和祝化申拼命,祝化申一个侧身刺又结果了一个。有一个日本兵向一片谷子地跑去,祝化申抱起3支枪穷追不舍。正在这时,祝化申的儿子连同乡民们赶到,谷子地中的日本兵不知所措,被祝化申一枪打死。这时,高粱地那边传来一声巨响,跑到那边的其他日本兵拥在一起引爆自尽了。就这样,前后不到20分钟,日本兵全被报销了。祝化申消灭鬼子兵的故事传为佳话。

1946年春,祝化申携带缴获日本鬼子的战利品,参加了在双山组建的人民军队"一四七"团。祝化申抗击日本侵略者的英雄壮举永远铭记在人民的心中。

四、赵治安

1945年秋,双辽县(原双山县城)群众自发组织了一支人民武装部队:147团。其前身是"解放独立大队",由山东广饶寿光一带过来的赵治安(又名赵兴隆)、杨松亭(又名杨山玉)等7人发起,靠一支"撸子"起家的。

1945年7月上旬,赵治安等在金宝屯、厚俗、大白、小白一带活动,组织了六七十人。八月中旬,他们以教拳习武、假借村自卫队送坏蛋的名义巧进双山,枪毙了外号叫"刘大马棒"的伪警察署长刘文学,成立了"解放独立大队",队伍发展到六七百人。10月,他们派人到沈阳与我东北局取得联系。11月上旬,东北局派龙西欧(解放后在长春市中级法院工作,离休)带领一个营长、二个教导员、一个参谋,由当时辽北军区的刘可田陪同,携带命令到双山收编,"解放独立大队"改编成"147团"。赵治安任团长,龙西欧任政委，下属3个营。自此，这支由群众自发组织的人民军队投入解放战争的洪流。在双山，"147团"进行过数次剿匪活动，枪毙了匪首"五胡"，活埋了匪首"洪乐"。1945年10月下旬、12月初，1946年1月上旬，147团先后3次攻打长岭县新安镇。最后一次，在当时驻郑家屯的教导二旅独立十团的配合下，打下新安镇，接着解放长岭县城。1946年3月，147团奉命撤出双山，在茂林镇改编为独立旅骑兵团，赵治安任团长，龙西欧调独立三师另有任职。1946年年底，骑兵团解体，分编到二纵、六纵各部队中，147团遂完成了历史使命。

五、阿思根

阿思根，又名阿拉坦仓、李友桐，蒙古族人。1908年1月15日生于内蒙古哲里木盟达尔罕王旗（今科尔沁左翼中旗）。早年就学于郑家屯第四中学，后入北京蒙藏学校，其间因参加进步的学生运动而被校方除名，辍学返乡。

1931年，阿思根参加"内蒙古自治军"，结识了共产国际和中共驻共产国际代表派遣到内蒙古东部地区开展革命工作的苏共党员朋斯克、特木尔巴根等。1932年4月，经朋、特二人介绍，加入内蒙古人民革命党。他利用在"自治军"内任职的条件，广泛团结蒙古族各界有志之士和进步青年进行革命工作。1933年5月，朋斯克传达了共产国际远东局关于"长期潜伏，扩大统一战线，坚持对日斗争"的精神，决定阿思根等留在兴安南省警备军内潜伏斗争。

阿思根两次留学日本，1938年毕业于日本陆军大学。他利用职务之便开展有利于抗日斗争和民族解放的工作。1939年日本关东军进攻内蒙古，他策动成批官兵向内蒙古军队投诚，使日本侵略者"用蒙古人打蒙古人"阴谋难以得逞。1941—1942年任伪兴安陆军军官学校战术教官期间，他团结培养了一大批进步的蒙古族青年官兵。1945年8月11日伪兴安陆军军官学校蒙古族进步军官和学生1000多人发动起义，杀死数十名日本鬼子，迎接苏联红军进入东北协助中国抗日，史称"八——"起义。这与阿思根长期的宣传教育工作密不可分。

日本宣布投降后，阿思根在王爷庙（今乌兰浩特）将当地的民警大队、护路队、内防总队等武装统一起来，与东北抗日联军嫩江一支队一起镇压了妄图挑起民族纠纷并乘机抢占地盘的国民党"保安司令"闫振山匪帮，维护了该地区的稳定。

1945年12月，阿思根闻听中共西满分局派来开展工作的胡秉权一行被突泉国民党光复军第11师马海泉部逮捕下狱并预谋处死，立即率民警总队二大队火速赶往营救，与伪县长谈判失败后，他当机立断，率部队于12月21日夜袭突泉，经过激烈巷战，歼灭国民党军队千余人，救出了胡秉权和所有被扣押人员等，解放了突泉镇，史称"夜袭突泉"。

1946年1月25日，应西满军区司令员吕正操、政委李富春之邀，阿思根赴双辽（今郑家屯）与其会晤，就东蒙的军事、政治和共同抗击国民党军等问题进行协商，与吕正操司令员签署了《吕阿协定》，妥善解决了东蒙与西满的军政关系问题，打开了东蒙建军、建政的新局面。1946年2月15日在王爷庙（今乌兰浩特）宣布东蒙自治政府成立，建立东蒙自治军，阿思根将军任内防部长兼自治军司令员，从此，着力进行东蒙统一的部队建设工作：哲里木盟武装改建为东蒙自治军骑兵第二师；王爷庙地区的武装改为骑兵第一师；卓索图盟武装编为第二帅，昭乌达盟武装编为第四师；纳文慕仁盟（今呼盟的一部分）的武装编为第五师。

1946年5月20日，经中共西满分局批准，阿思根加入了中国共产党。1946年5月25日于王爷庙召开东蒙古人民临时代表会议，宣布内蒙古自治运动联合会东盟总分会成立，撤销东蒙自治政府，成立兴安省政府；东蒙人民自治军统一改为内蒙古人民自卫军，阿思根任副司令员兼兴安军区司令员。1946年6月，国民党军大举进攻解放区。各部队中的不坚定分子动摇叛变。阿思根于8月赴哲盟前线部队中，进行整编整训工作；同时，与辽吉军区陶铸政委在通辽召开各旗县负责人会议，纠正了群众运动中的"左"的倾向，平息了部队中的叛乱，制定了作战和工作方针，发布了《告蒙古同胞书》，揭露蒙奸李守信、包善一等匪首的阴谋。1946年冬，率第二师、一师二团及哲盟军分区所属部队与辽吉军区组成蒙汉联军，阿思根任司令员，赵石任政委。蒙汉联军三打科左中旗重镇舍伯吐后，阿思根率蒙汉联军一部，仅用3天时间就收复了哈拉沁屯、博王府等，击毙敌官兵40余人，俘敌400余人，迫使伪蒙军王华兴部4 000余人投诚。1946年9月，骑兵二师与辽吉军区组成蒙汉联军司令部，阿思根任副司令员。

1947年5月1日内蒙古自治区政府在乌兰浩特成立，阿思根与乌兰夫、哈丰阿等21人当选为自治区政府委员会委员，阿思根任军事部长；7月1日中共内蒙古工委成立，阿思根当选候补委员；12月，阿思根任内蒙古人民解放军副司令员。

1948年1月31日，阿思根在乌兰浩特因积劳成疾，医治无效，与世长辞，年仅40岁。中共内蒙古工委、内蒙古自治区政府和内蒙古人民解放军司令部于3月10日作出《关于追悼阿思根同志的决定》。3月25日，中共内蒙古工委书记、内蒙古自治政府主席、内蒙古人民解放军司令员兼政委乌兰夫同志为阿思根将军题词。中共内蒙古工委和内蒙古自治政府决定追授阿思根为革命烈士。中共中央东北局发了唁电。

六、何光

在共和国的版图上，双辽的茂林小镇不过是个弹丸之地。可是，在解放战争中，为了把它从国民党反动派的手中夺回来，有多少战士血洒战场。至今，在双辽还传颂着何光团长血战茂林、勇闯南门的动人故事。

茂林是双辽西北的一个边沿集镇。它左邻内蒙古，右通长岭。平齐（四平—齐齐哈尔）铁路从此穿过。1947年，我军战略大反攻的序幕拉开以后，茂林成为我军同国民党军队激烈争夺的目标。国民党的王牌军第60军184师551团把这里当作进行垂死挣扎的桥头堡死守不弃，为抵抗东北民主联军（解放军）的进攻，他们在茂林城区内外构筑了坚固的城防工事，沿着铁路线又修筑了密密麻麻的铁丝网和碉堡群。国民党551团凭借这些工事和良好的美式武器装备，与我东北民主联军负隅顽抗。

我军指挥茂林战役的是东北民主联军辽吉军区保安2旅5团团长何光。他所领导的这支部队是一支具有光荣革命传统的老部队，曾经参加过著名的百团大战之正太战役、东业庄战役和冀中石德战役，是一支战无不胜的劲旅。它像一把锋利无比的钢刀，在战场上所向披靡。攻打茂林的战斗，是在 2 月 25 日攻占道德营子和 3 月 5 日攻克通辽两次重大战役取得胜利后，又发起的一场战斗。

　　1947 年 3 月 16 日傍晚，这场收复茂林的战斗打响了。一时间，枪炮声、手榴弹的爆炸声惊天动地。燃烧弹燃着了经冬的荒草，火光映红了漆黑的夜空，喊杀声此起彼伏，硝烟烈火弥漫了整个茂林镇。"同志们，集中火力，封住敌人的碉堡！"在何光团长的周密部署指挥下，五团阵地上的枪炮声震耳欲聋，形成了密集的火力网。爆破队在强大的火力掩护下，像下山的猛虎一样，迅猛地冲向敌军碉堡。爆炸过后，一座座坚固的敌军碉堡土崩瓦解。战斗一直持续到第二天的破晓，远远望去，茂林守敌国民党 551 团的阵地已是一片废墟。敌军死的死，逃的逃，火力明显减弱下来，但仍有部分残敌在做垂死挣扎。这时，5 团响起了嘹亮的冲锋号。"同志们，冲啊！"团长何光手提盒子枪，第一个跃出战壕，挥臂高喊。他率领着全团战士迎着硝烟烈火，勇猛地冲去，遇有顽抗的残敌便立即果断地消灭掉。正当何光率领全团指战员冲向纵深时，从一座被炸毁的碉堡废墟里飞来一颗流弹，击中了何光的胸部。何光团长用手捂住流血的胸部，回过头来，看见战友们已经迅猛地冲了上来，脸上露出了欣慰而镇定的神情……英雄倒下去了，而血染的红旗插上了茂林镇的城头。收复茂林的这一仗战果辉煌：共打死国民党正规军 100 余人，缴获重机枪 2 挺、轻机枪 22 挺、炮 2 门、掷弹筒 2 个、冲锋枪 13 支、长短枪 390 多支。

　　何光，1916 年出生在四川省巴中县（今巴中市）一个贫苦的农民家庭。16 岁参加中国工农红军，长征途中加入了中国共产党。他无私无畏、英勇善战，由一名战士升为班长、排长、连长、营长、副团长。1947年，东北解放战争进入战略大反攻阶段时，何光提任东北民主联军（解放军）辽吉军区保安2旅5团团长。1945年"八一五"光复后，何光随部队转战东北，在西满广袤的土地上留下了他战斗的足迹。在解放通辽、郑家屯、榆树台、双山、长岭、保康等战斗中，何光立下了多次战功。

为了纪念何光，当地政府在"茂林烈士陵园"为何光烈士修筑了烈士墓，后改迁双辽市烈士陵园。人民将永远怀念为解放事业而英勇献身的何光烈士。

七、王奔

王奔，1921年出生在河北省安平县西里屯的一个佃中农家庭里。他的老家，是抗日秘密联络点之一。地、县、区的一些干部常来他家接头、开会，搜集敌人情报和休息。他家里有地洞，可以躲避敌人的搜捕。他母亲张辰、妹妹王剑清待人热情，爱护同志，为保护同志们的安全，主动承担起站岗放哨和通信联络任务。1940年，他任武委会自卫队长、武委会主任、副村长等职务，1942年冬被任命为安平县交通站站长。1944年，他的家乡安平县第二次解放。

他响应党的号召，由原名"王庆福"改为"王奔"，向党表达决心：奔赴东北前线，投身解放事业。他走了一个多月，于1945年12月10日来到了西满分局，不久王奔同志被分配到辽源县（今辽源市，后同）高家炉区工作，后任命为区长。辽源县地处交通要道，是军事必争之地，高家炉区在东辽河北岸，离县城30华里，是辽源县的南大门。1946年5月初，东辽河南岸又变成了蒋匪军占领区，仅一河之隔。蒋匪军、国民党特务、地主武装和日伪残余互相勾结，时时威胁我解放区。还有汉奸、走狗到处造谣、破坏，妄图搞垮我刚刚建立起来的人民政权。但是，王奔同志和区委书记刘英同志，知难而进，他们依靠群众大胆地工作。

王奔同志在高家炉区，仅仅工作4个多月，但取得了很大成绩。发动群众建立和巩固人民政权，强化地方武装，这是王奔同志抓的第一项工作。他面对敌人的威胁和捣乱，在县委的领导下，放手发动群众，依靠群众，树立贫雇农优势，团结进步力量，选拔了一部分骨干，充实到区政府和区中队工作。把地主和敌伪残存的武器收缴上来，加强自己的武器装备。他们区干部和区中队30多人，很快武装起来，有了枪支弹药。同时，依靠群众建立了以雇贫农为主体的基层政权，先后在高家炉村、陈家村、王家窝堡村建立了农会组织。并开展减租减息和反霸斗争。抓武装，建政权，使这里工作很快打开了局面。

王奔同志经常深入群众，访贫问苦，关心群众生活，在群众中扎根。他到高家炉区不久，很快就掌握了这里的阶级成分，谁是依靠对象，谁是团结对象，都一清二楚。他把贫雇农当作自己的亲人，把土地分给无地和少地的农民，把贫雇农的困难看在眼里，记在心上。工作虽然很忙，他还亲自为贫雇农田玉山、秋明福等人家送粮食、衣物和炕席。革命干部和群众心连心，群众把这位从关内来的王区长作为贴心人。

正当王奔等区干部带领百姓开展减租减息、分田分地、清匪反霸斗争的关键时刻，国民党71军87师在梨树县纠集地主武装，开始向解放区大举进攻。在敌强我弱的情况下，县委指示各区，不能坚持就随军北撤，能坚持就留下打游击。大敌当前，是留守，还是北撤？王奔首先想到的不是个人的安危，他早已把一颗坚贞的赤子之心献给了高家炉区的人民。他想的是新生的政权刚刚建立，贫苦农民刚刚看到希望，干部和武装力量一旦撤离高家炉，地主老财等反动势力就会反攻倒算，老百姓就会重吃二遍苦，再遭二茬罪！王奔同志决定留下打游击，决不让敌人轻而易举地夺走由他们带领人民开创的新政权。当时也有人劝王奔还是北撤为好，王奔坚定地说："我们一撤，就会挫伤群众的情绪，造成人心混乱。我们有人、有枪，还能打，我一步也不能离开这块土地。"

王奔同志一面从容不迫地做迎接战斗的准备，一面委托农会主任靳珍、区中队长李学贵等18人到王家窝堡向群众做宣传，开展工作，继续巩固各村已经建立起来的农会。在那些日子里，尽管敌人即将来犯，但是群众心里有底，区长还在，八路军并没有垮。5月22日，我军全部撤离郑家屯一线后，远离主力部队的王奔和区中队的战士们继续与敌周旋，伺机给敌人以沉重打击。

就在大部队撤离的当天晚上7时许，国民党的骑兵部队偷偷开进河北岸的米家村，距高家炉只有5华里。国民党的便衣特务四处活动，搜寻我方情报，有2名特务潜入大地主吴全礼家中。王奔此刻派出区中队王凤山等4人到附近进行侦察，哪里知道，这几个家伙竟是心怀异志的叛徒，一出区委的大门就鬼头鬼脑地朝大地主吴全礼家奔去，和吴全礼家潜伏的特务密谋一番之后，转告区中队战士郑忠，说国民党军队已经过来了，明天一早就包围区政府，以此进一步分化我武装力量。叛徒王凤山回到区上做了假汇报，说根本没有什么国民党军队，企图用谎言稳住王奔。可当晚他们又偷偷地回到吴全礼家去接受任务。这时，国民党特务说："我知道区里有4个八路，2名去了王家窝堡，在家的还有2名，一个是区长，一个是指导员。你们今晚必须下手将他们干掉。事成之后，每人赏给800元。如果跑掉了，就杀你们的头！"在特务的威胁利诱面前，叛徒们向敌人详细介绍了我方情况。重返区政府以后，7个叛徒做了具体分工：王树惠、蔡景泉负责偷袭王奔；王凤山、刘生、王青山从正面攻打刘英；郑忠在院子里流动放哨；一旦偷袭不成，由于长江堵住后院。

鸡叫二遍时，敌人开始行动了。大地主吴全礼勾结区中队的叛徒和国民党特务一起包围了区政府。叛徒王树惠摸进了王奔住处，向王奔开了罪恶的一枪。王奔一跃而起，忍痛摸枪反击，这时王树惠再次开枪，向王奔头部打了两枪。可惜王奔同志没有牺牲在战火纷飞的战场上，却倒在叛徒的枪口下，躺在血泊之中。年仅25岁的王奔，为了中华民族的解放事业，献出了宝贵的生命。

1947年5月，双辽全境解放。政府和人民怀着满腔仇恨，惩办了罪恶滔天的大地主吴全礼，参与杀害王奔的叛徒们得到了应有的下场。为了纪念王奔，于1948年3月，把高家炉区的韭菜岗子屯命名为王奔村。1956年3月建立乡政府时，把这个乡命名为王奔乡。1971年7月1日，中共双辽县委、双辽县人民政府为王奔烈士建了纪念碑，以表达人民对王奔烈士的深切怀念。斗转星移，老百姓继承王奔烈士的遗志，把烈士战斗过的地方王奔镇建成了富饶美丽之乡。

八、王珉

王珉，河北深泽人。他出身贫苦，17岁投身革命。在抗日战争中，他的家乡正是日寇残酷扫荡的重灾区，王珉在与鬼子周旋的年月里练就了一手好枪法，人称百步穿杨的"神枪手"。惊险曲折的地道战更锻炼了王珉机智果敢、临危不惊的意志。按照中央的指示，他随干部大队来到西满，被派到卧虎区担任指导员。

1946年2月22日破晓时分，灰蒙蒙的天空飘起棉絮般的雪花。卧虎屯（第五区）这个刚刚建立起民主政权的集镇，此刻格外宁静。翻身得解放的农民们，刚刚度过一个祥和的春节，憧憬着当家作主的新生活，这时还沉睡在梦乡。突然，卧虎屯东北方向传来一阵狂乱的枪声！枪声惊动了西街的区政府。警卫员立刻叫醒了睡在值班室内间的一个年轻人："王指导员！土匪来了！土匪！"王珉被警卫员从梦中叫醒，他冷静地问："是从哪个方向来的？多少枪，多少马？现在在什么地方？"警卫员气喘吁吁地对王珉说："听报马村农会的人报告，土匪是从长岭方向逃窜过来的，有300多人。这是一伙地主还乡团，见人就杀，见物就抢！现在正由报马村儿向大介拉吐和佐岭堡方向流窜。"

年轻的区委书记兼区中队指导员一面急忙穿好衣裤，背上两支驳壳枪，一面命令警卫员说："区中队马上集合！"10分钟后，20多名区中队战士精神抖擞地排好队，人人全副武装。"出发！"听到指导员的命令，战士们都飞身上马，在王珉率领下，沿着卧虎屯通往报马村的积雪土路奔驰而去。

佐岭堡是卧虎屯以东较大的村屯，四周有断续的围墙，房屋散布在柳树毛子的背后，远方开阔的雪野，有一条坎坷的土路通往双山。天刚亮时，从长岭方向窜来的一股土匪闯进了佐岭堡，这伙土匪如入无人之境，进屯便烧杀抢掠，无恶不作。村里人嚷马嘶，犬吠鸡鸣。上午8点钟，王珉率领的区中队及时冲进佐岭堡。在屯子中央与正在烧杀掠劫的匪徒们遭遇，双方立刻交火，枪声、手榴弹爆炸声、人们的嘈杂声乱成一团。土匪绺子里的人是惯匪，见区中队来得很猛，一边应战，一边往屯子外撤退。王珉带领区中队紧追不舍，指挥战士迅速包抄，土匪仗着人多势众，疯狂地向屯外猛冲。王珉冲进匪徒之中，手使双枪，左右开弓，猛烈地向逃向村外的土匪开火，转眼之间有七八个敌人翻身落马。就在王珉身先士卒、猛扑土匪时，骑在马上的王珉猝然中弹，一下子跌下马来，一腔鲜血流淌在积雪的小路上。

王珉壮烈牺牲后，区上为王珉召开了追悼大会，在烈士的遗像前，群众的哭声连成一片，人们都在追念着这位年仅21岁的英雄。

烈士安葬在卧虎屯西南的烈士陵园里，后改迁双辽市烈士陵园。每逢清明，烈士墓前便是花的海洋。

九、邹日贵

邹日贵，江西瑞金人。1931年秋收起义后，参加了中国工农红军。1933年加入了中国共产党。在长期的革命生涯中，邹日贵由一名普通的战士，提为班长、排长、连长、营长等职。1945年日寇投降后，邹日贵随队北上。

　　1947年5月14日夜，我东北民主联军向双山县城发起总攻。以易亚东为首的敌71军87师259团3营在双山街筑有碉堡百余座，城周围还设有鹿寨两道，挖有宽、深各5米的护城壕，防守极为坚固。在我重兵围困的形势下，敌守军副团长吴祖伯狂妄叫嚣："别看土八路人多，就凭我的城防工事，也能死守7天7夜！"

　　在攻城的过程中，敌人的碉堡里喷出炽热的火舌，我军几次强攻，均未奏效。在敌人密集的火网下，我军伤亡惨重。面对国民党守军的防御工事和猛烈的炮火，我军主力营营长邹日贵霍然跳出战壕，振臂高呼："一连跟我冲上去，二连、三连，重机枪火力掩护！"在邹日贵的率领下，我军一连战士英勇地冲出战壕，发起了冲锋。身经百战的邹日贵，是从革命老区江西走出来的。今天，在摧毁双山守敌的战役中，他感到从未有过的艰巨，火力之猛，枪声之密，是极为罕见的。邹日贵率领的突击连丝毫没有畏缩，他们从小城的西南角飞快地突破进去。而这里恰好是敌人固守最为严密之处。邹日贵是老红军，他面对猖獗的强敌，眼睛都红了。经过激烈战斗，小城的守敌终于被征服了。昔日号称可凭坚固工事死守7天7夜的敌军，终于被邹日贵率领的精锐一连突破了！但是，就在战斗将要结束的时刻，我们的英雄邹日贵倒在血泊之中！

　　解放双山的战果是辉煌的：守敌1个营，包括4个步兵连、1个机枪连以及搜索排、炮兵排全部被歼；缴获八一迫击炮2门、六〇炮8门、重机枪3挺、轻机枪20挺、步枪129支、冲锋枪36支、短枪2支，吉普车、电台若干。

　　1949年9月，辽北省政府为建立辽北新政权而英勇献身的烈士举行追悼会，陶铸同志为死难烈士们亲笔题写的挽幛上写道："英雄已著千秋业，辽吉长留一瓣香！"这无疑是献给所有为辽吉解放而光荣献身的革命志士的挽词，也是对邹日贵等烈士的最高评价。

十、刘玉楷

刘玉楷，河北安平人，1939 年参加革命。

1947 年，刘玉楷来到了雁翎区，领导群众翻身闹土改。刘玉楷经常深入各村屯，发动群众分土地分果实。在斗争中，刘玉楷为劳苦大众撑腰，把地主、富农的土地分给群众。

1948 年，中共双辽县委调刘玉楷任安边区区委书记。刘玉楷首先在宝善村指导村干部发动群众，揭穿姓张的地主让女人藏匿 5 副金耳环的事实，及时召开现场会表扬对地主坚决斗争的干部，使到会人员受到深刻的教育，从而把斗争深入扎实地开展起来。

1948 年 5 月初，安边区胜利结束了土地改革运动，县委号召及时组织群众开展春耕大生产。刘玉楷带领区干部深入真固村、齐家村和庄家窝堡，了解到一些互助组长有事不商量，自己说了算，记工不合理，还有的让"二流子"当了组长。这些问题影响了群众的生产积极性。刘玉楷立即召开区委会，果断决定：一要民主评工，按时记工；二要讲明秋后多打粮的户不增加公粮；三是对"二流子"组长进行调整。结果，全区每人完成 1.12 公顷播种任务，按县委要求超过 0.12 公顷，全区春耕、夏锄生产完成得又快又好。

1948 年 9 月，东北解放战争进入战略大反攻阶段。中共双辽县委根据上级指示和解放军部队共同决定，由部队 1 名干部任担架队大队长，由刘玉楷同志任担架大队政委，带领双辽、怀德、梨树 3 个县的3 000名担架队员开赴前线。在炮火连天的战斗中，担架队有时一天吃不上一顿饭。战斗结束后，刘玉楷还要骑着马到担架队各营、连驻地检查宿营地和伙食点，要求各伙食点必须保证担架队员吃好、吃饱。一切都安排好以后，自己和警卫员才能吃饭休息。在担架队出发前，刘政委还要到连队检查，要求担架队员们必须把干粮袋装满，以防挨饿。刘玉楷本人也毫不例外，总是和担架队的干部队员们同吃同住同上前线抢救伤员。

随解放军部队向沈阳东陵机场进发时，大队于夜间不知已步入敌区，在敌人的7个暗堡附近路过。刘玉楷发现敌兵在吸烟，当即命令担架队向敌人冲上去。当时，担架队每个连只有2支步枪，其余人都是拿着扁担。地堡中的敌人哪里知道，突然见到上千人，以为是正规部队，吓得全都从地道逃跑了，丢下了大量枪支弹药。但敌人不甘心失败，换个地方向担架队开火，一颗子弹射中刘玉楷，刘玉楷牺牲了。

噩耗传来，群众流着泪，悼念刘玉楷烈士。中共安边区委和中共双辽县委先后举行了追悼刘玉楷烈士的大会。同志们表示，要学习刘玉楷工作认真、关心群众疾苦、英勇杀敌的革命精神，为早日解放全东北贡献自己的力量。

十一、陶铸

1945年11月24日，中共中央东北局决定将刚刚在沈阳成立不久的中共辽宁省委分为辽西、辽东两个省委，主动撤离随时可能被国民党军占领的沈阳。次日，这两个省委与东北野战军部队开始撤离沈阳，并迅速完成我军兵力向中东铁路两侧的集结。时任辽宁省委书记的陶铸被任命为辽西省委书记兼西满军区政委。

1947年夏天，我军开始攻打战略要地四平街。陶铸及省委一班人从北满白城子回到了以前住过的郑家屯（双辽）。这里离四平只有200华里，成了我军发起夏季攻势的前线指挥部。

6月15日，攻打四平的战役打响后，陶铸在郑家屯发动群众，组成担架队前往四平前线。为了就近参战，他率省委干部来到距四平较近的八面城。陶铸在这里指挥省委干部不时进入四平，协助我野战军攻城和加强支援前线工作。当时省委的主要任务是抢救、转移伤员。一般情况下都是午后3点我军向四平街国民党守军开炮时，省委组成的救护队在炮火掩护下随之进入四平街。当时，敌侦察机不时在八面城上空巡视侦察。形势尽管如此严峻，可陶铸没把这些放在心上。6月28日下午，我军已经攻占四平城区的四分之三，此时陶铸发现几次随军进入四平的省委工作队大多显得疲劳，有人甚至恶心呕吐，于是他决定亲自带队进入四平。他不顾大家的劝阻，带领新任四平市委书记的吴甄铎等人，在枪声最激烈的时候进入了四平街。这时铁西区弹雨纷飞，战斗激烈，陶铸等人恰好走进了敌我双方紧张对峙的铁西区。

虽然铁西区炮火连天，但是陶铸坚持要求新任市委书记吴甄铎等人，尽快将四平市委在战火中建立起来，以便在前线指挥救援工作。他对新市委的干部说："大家不要怕，现在四平很快就要回到人民的手中了，既然野战军已经给咱们打开了一条血路，就该马上把市委的牌子挂出来，这样一来，老百姓就有主心骨了！"

吴甄铎等随陶铸从八面城来四平时，就已将市委的牌子准备好了。他听到陶铸的命令后，马上在一幢破楼门前将牌子挂上。但是，谁也没有想到，就在陶铸和四平市委的同志刚走进那幢被炸得发黑的大楼、准备印制安民布告的时候，外面响起飞机低空飞行的啸音。原来国民党城防守军得到陶铸进四平的消息，马上派出4架飞机前来轰炸扫射。

当时的情况万分危急，因为我野战军并不知道陶铸已经进城，部队的火力仍然在集中攻打铁西的敌军兵营。此时敌机直向城区飞来，陶铸见这时如果向楼外跑去，显然马上就会暴露在敌机火力之下，于是果断喝止那些惊慌向楼外跑去的干部，说："都到楼下去，地下室可以当成防空洞！"

听到陶铸的声音，一些初上前线的干部冷静下来，大家分头向一楼跑去。这时，4架敌机已围着这幢危楼开始接连投弹。三楼立刻被炸塌了，整个大楼内外一片烟雾火海，巨大的爆炸声伴随着几丈高的硝烟气浪。可一楼是个空旷的大厅，一时找不到地下室的入口。忽然，陶铸发现楼外那因轰炸激起的烟尘可以作为撤出大楼的掩护，于是下令市委干部分成两路，随他和吴甄铎分别从大楼南北两个门退出楼，然后在附近寻找防空洞。

敌机疯狂轰炸了半个多小时后才悻悻向南飞去。这时，吴甄铎等市委机关干部纷纷从各自隐藏的防空洞里爬出来，在被尘土掩埋的废墟里寻找陶铸。大家上前一齐用手扒开厚厚的尘土，发现陶铸居然大难不死地从碎砖乱瓦里爬了出来，只见他身上沾满了尘土，脸也是黑黑的，只露出一口白牙。陶铸从瓦砾中爬出来后，首先问："老吴，你给我清点一下，牺牲了几个？"吴甄铎要求陶铸马上撤回八面城，陶铸说："现在不是撤退的时候，我们还是要把市委的牌子挂出来。天黑以后再撤出去，明天还要进城。总之，只要我们军队在打，我们地方干部就要进城。"

四平战役结束后，陶铸曾亲自为在战役中饮弹身亡的地方干部主持追悼大会。他亲笔为在四平战役中牺牲的支前干部和担架队员，题写了气壮山河的挽联，上联是"抚棺痛悼难书沉憾"，下联是"誓争胜利以慰英灵"。

十二、阎宝航

阎宝航，字玉衡，1895 年出生在辽宁海城小高力房村。1913 年考入奉天师范学校，毕业后赴英国留学，并赴丹麦等国考察。1937 年 9 月经周恩来、刘澜波帮助和介绍，阎宝航加入了中国共产党。但是，鉴于党的统一战线工作的需要，在革命战争时期阎宝航一直以非党爱国人士的身份，活动在中国的政治舞台上，发挥了非凡的社会活动家的才能智巧，为反帝反封建的民族民主革命做出了卓著贡献。

抗战胜利后，阎宝航同志从上海回到东北任辽北省政府主席。1948 年 2 月辽北省政府由白城子迁驻郑家屯（今双辽市），直到 1948 年末辽北省政府由于形势发展需要迁往四平市。阎宝航同志在此期间一直工作、生活在郑家屯，给郑家屯人民留下许多难以磨灭的印象。

当时，辽北省地处东北自卫战争的前线，由于生产力极低，辽北省供应我军主力部队的吃穿有困难，而且，连辽北省自己的地方部队和脱产工作人员的供给都成了问题。省委书记陶铸在分析当时的情况时说："粮食差半年，穿衣更困难。"为了解决主力部队和地方的吃穿问题，阎宝航和辽北省党政军各界做了极其艰苦的努力。1947 年 3 月，阎宝航签发了《辽北省政府关于开展春耕大生产指示》。在辽北省各界举行的万人祝捷大会上，在他撰写的《为春耕告农民同胞》中，多次以极其通俗易懂的语言，向群众阐述开展大生产运动对取得东北自卫战争胜利所具有的重大意义，耐心详细地解释我党的土改政策，让农民兄弟心里托底，真正了解到共产党的政策是为了他们能过上好日子。阎宝航等省政府领导号召农民同胞们努力打好春耕生产这一仗，而且亲自下基层视察指导。

在组织各地春耕大生产的同时，辽北省党政机关和部队为了减轻农民负担，密切党与群众、政府与群众、部队与地方的关系，促进春耕大生产的开展，还发起了生产节约运动。阎宝航和陶铸带头制定和宣布自己的生产节约计划，规定参加农业生产的任务和指标。阎宝航还宣布戒掉自己最大的消费——吸香烟，以便节省每一个铜板。他还提议，省政府机关带头，把市内一切可以利用的空地都种上粮食和蔬菜，争取蔬菜自给。在他们的影响带动下，辽北省党政军机关、群众团体、学校等纷纷制定计划，积极参加生产活动。阎宝航的夫人虽然年近花甲，也和另外两个女同志合种了五分菜地，并且计划纺织。

作为省政府主席的阎宝航，不仅坐镇省政府统筹指挥全省的支前工作，动员青年参军和发动民工组织大车队、担架队支援前线，还不畏风险，亲率辽北省政府慰问团带着大批慰问品和慰问信，进行战地慰问活动。阎宝航同夫人一起，无数次前往车站慰问伤病员。他们给伤员端水喂饭，为伤员更换衣衫。他们的慈祥热情使伤员们得到很大安慰。

阎宝航在辽北省任职期间，还组织和领导了对鼠疫、霍乱等烈性传染病的防治，并亲自兼任郑家屯西满防疫统一指挥部部长，多次发出通告，对防疫工作制定出切实可行的预防隔离措施，落实组织领导，为防止鼠疫疫情的蔓延和彻底消灭疫情付出了大量的心血。

阎宝航对辽北省工商业的恢复和发展、青年的思想改造等方面工作也十分关心。他曾参与制定有关工商业保护的规定；曾亲自兼任辽北学院院长，给学生们做许多报告。凡是政府的工作，凡是人民需要他的事，他事无巨细，无不过问，甚至连购买中小学生课本这类事他也亲自处理。即使是这样，阎宝航仍然觉得自己对国家、对民族贡献太少。阎宝航同志品德高尚，受到辽北各界群众的尊敬。

十三、吕正操

吕正操，辽宁海城人，1922年参加东北军，1936年任东北武装抗日救亡先锋队总队长。1937年加入中国共产党。抗日战争时期，任晋绥军区司令员，中共中央晋绥分局委员。解放战争时期，任东北民主联军副总司令员兼西满军区司令员、东北军区副司令员兼东北铁路总局局长等职务。

1945年12月6日，经中共中央和东北局的批准，在古城郑家屯（今吉林省双辽市）成立了以李富春为书记、吕正操为司令员的西满分局和西满军区。辽吉军区司令员邓华向老十团交代了任务（这个团第一任团长是吕正操），老十团到吕正操司令员那里报到，从此，老十团改编为西满军区司令员吕正操的警卫团。

吕正操的警卫团，在吕正操司令员直接指挥下，在创建西满根据地和解放战争中发挥了巨大作用。1945年至1947年，吕正操的警卫团同当地土匪、敌地方军和国民党中央军作战近百次，打死打伤和俘虏敌人1万余人。

　　1945年年底，吕正操的警卫团进驻古城郑家屯不久，双山县城被土匪包围。吕正操司令员接到情报，连夜在郑家屯召开了紧急会议，命令警卫团派一个连，乘坐3辆大卡车，配合兄弟部队147团，到双山进行剿匪战斗。走到半路，遇到了土匪的阻击，全连指战员下车后边打边前进。打到双山县城以后，吕正操的警卫团连队有意麻痹土匪，说今天不打了。在摸清土匪情况之后，趁土匪不备之机，在警卫团连长葛振芳的率领下，深夜时分向土匪驻地猛烈进攻，追到八里营子，将这股土匪全部包围，活擒土匪60多名，活捉了匪首"五湖"。几天后，双山县城召开群众公判大会，经过当地政府批准，当场枪决了罪大恶极的匪首"五湖"。接着，吕正操的警卫团大部分部队开到双山县城，先后把双山境内的土匪彻底消灭，并将缴获土匪抢劫来的牛、羊等全部归还给群众。吕正操警卫团在双山县城驻守一个多月，春节前，警卫团配合147团攻打长岭县新安镇。由于吕正操的警卫团主动战斗，很快消灭了土匪武装，解放了新安镇，并和当地群众愉快地过了1946年的春节和元宵佳节。

　　1946年3月，西满分局由古城郑家屯向北转移，吕正操的警卫团继续坚持剿匪和消灭敌地方军战斗。在保康歼灭国民党先遣军22师的战斗中，在警卫团副团长何光、参谋长赖清华的亲自指挥下，击毙了匪军师长王耀东及旅长、团长、支队长等828人，俘虏了团长、大队长、营长9名及以下官兵1 766名，缴获长短枪987支、冲锋枪13支、大小炮13门、掷弹筒7个、轻重机枪18挺、各种子弹5万多发，还缴获了坦克、装甲车、战车 7 辆，马、骡 1 500 余匹，牛、羊 1 300 余头，大小汽车 31 辆，胶车和大车 350 辆，有力地稳定了辽源县、双山县（现归双辽市管辖）和长岭县一带的局面。

1947 年 2 月 23 日，吕正操的警卫团改编为保安 2 旅 5 团，仍归辽吉军区司令员邓华直接指挥。同年 3 月，人民解放军开始战略反攻，在解放茂林的战斗中，打响了解放双辽的第一枪。1947 年 3 月 15 日，西满军区辽吉前线部队、吕正操的警卫团，向在保康、茂林 2 个车站驻守的国民党 60 军 184 师 551 团进行了猛烈的攻击，经过一昼夜激战，于 16 日上午 8 时半收复了保康、茂林 2 地。在这次战斗中，击毙、击伤敌人百余名，缴获重机枪 22 挺、六〇炮 2 门、冲锋枪 13 支、长短枪 390 支。在茂林战斗中，吕正操的警卫团团长何光同志光荣牺牲。同年 5 月，以压倒敌人的勇气和战斗力，吕正操的警卫团先后收复了玻璃山、卧虎 2 个车站，解放了双山，5 月 24 日将困守在郑家屯的国民党 71 军 87 师 260 团的 2 个营，追歼在八面城以西喇嘛甸子城镇的外围，当日收复了古城郑家屯，从此，双辽全境解放。

1947 年 6 月 14 日，吕正操的警卫团在古城郑家屯改编为中国人民解放军第 4 野战军第 7 纵队 20 师 59 团，接着，这支部队投入了全国闻名的"四平攻坚战"的战斗之中。

十四、陈涛

双辽曾出了一位义薄云天、满腹经纶的人物，他就是党的早期革命活动家、日语学界权威学者陈涛同志。

陈涛，原名陈日新，又名陈达明，出生于辽源县（今双辽市）。

幼年的陈涛胸怀大志，勤奋好学，立志学业有成，为国为民做事。19岁东渡日本留学，在东京庆应大学经济部就读。他刻苦攻读，各学科成绩优异，完全有条件在国外谋求高就，但陈涛"少小虽非投笔吏，论功还欲请长缨"，他向世人剖白："我学成一身本领，不是为了个人出人头地，为的是报效国家。"1926年，陈涛从日本乘船返回祖国。

当时，在塞北之地出了这样一位奇才，想做什么大事都易如反掌。家里人想让陈涛去做大官，将来光宗耀祖，可陈涛回答："官禄非吾志，甘心赴国忧。"只待了两个月，他就只身去南方，寻求革命之路。当年3月就加入了中国共产党，5月份便受党组织委派赴广州，以广东省省立第一中学教务主任的身份为掩护，做党的地下工作。在此期间，他以平易近人的高尚人格和满腹学识的才名结交了许多进步青年。他对青年说："帝封官三座大山压得咱中国人喘不过气来，有志之士应该以拯救劳苦大众为己任。"他把那些彷徨中的青年朋友引向革命的道路。

早在日本留学期间，他就接受了马克思列宁主义思想的影响。他在日本时被同学们推选为留日学生总会主席。他满怀激情追求真理，参加了"求是学社"等带有进步倾向的青年组织。他独立创办过"大东通讯社"等刊物，以笔作刀枪，在留日学生、华侨以及日本人民中倡导革命，揭露帝国主义的侵略阴谋。经过长期的活动及体验，陈涛更加坚定自己的信念：只有社会主义和中国共产党，才能从根本上解决中国的问题。

在"三一八"运动中，他旗帜鲜明地冲在斗争前列，担任了北平各界游行示威的副总指挥。他在党的直接指引下，参加革命活动，不怕艰险、不怕牺牲，长期坚持党的地下工作。在血雨腥风的苦难岁月中，陈涛同志经受了许多折磨，但他都充分表现了共产党人宁死不屈的高尚品质。当被叛徒出卖、身陷囹圄时，他忠贞不屈，严守党的秘密，同敌人进行了顽强的斗争；在与党失去联系的时候，他忍辱负重，以共产党员严格的纪律性要求自己，千方百计地寻找党的组织、联络同志，在十分困难的条件下继续为党做了大量有益的工作。

1927—1928年，陈涛受党的派遣，先后去武汉、南昌等地进行革命活动，在斗争中，他充分表现出爱憎分明的革命意志，曾任广州黄埔军校的政治教官兼第一学生队政治指导员。参加了"八一"南昌起义，系起义革命委员会成员之一。在此期间，陈涛和周恩来等同志朝夕相处，并肩战斗，共谋起义。

根据工作需要，陈涛回到东北，在大连、沈阳等地从事文化教育工作和党的地下工作。他担任吉林省和龙县县立师道学校教务主任等职。陈涛同志学识渊博，师生们都愿意接近他。陈涛充分利用三尺讲台，向师生们传播革命道理，灌输济世救民思想。后来，陈涛同志担任了大连《泰东日报》主管、东方印书馆总编辑等职。在此期间，他奋笔疾书，发表了许多战斗的文章，公开宣传中国共产党的主张，让广大读者从中受到革命教育，从而认识到：只有中国共产党，才能救中国。

解放战争时期，陈涛同志任我党晋察冀边区政府工商处秘书、边区财经办事处秘书、华北人民政府工商部企划处处长，在开拓我党经贸工作的同时，为革命战争筹集了大量的财力、物力。

中华人民共和国成立以后，陈涛同志仍然在财贸教育战线上为党工作。历任中央人民政府贸易部国外司世界经济研究处处长，中央高级商业干部学校教务主任，北京对外贸易学院教授、日语教研室主任等。工作中他爱岗敬业，从不计较名利地位，总是全身心地努力进取，取得了卓越的成就。

陈涛同志以其渊博的学识、丰富的工作经验，投身到社会主义建设的洪流，长期从事对外经济贸易教育和科研工作。在领导和主持教学、科研工作的同时，他亲临教学第一线，为培养国家急需的外贸、外语人才呕心沥血，努力工作，贡献了毕生的精力和才智，同学们都把他视为一代师表。

他于20世纪50年代中期主编我国第一部《日汉辞典》，发行量多达数百万册，发行范围遍及海内外，为繁荣祖国文化，繁荣教育事业，促进中日友好及中日经济文化交流做出了可贵的贡献。

进入晚年，陈涛同志仍勤勤恳恳、兢兢业业地坚持工作。党的十一届三中全会以后，他亲自主持了《日汉辞典》的修订工作，参加了《现代日汉大辞典》的编审工作，除了审定篇目体例，还亲自为其撰稿。为了促进中日友好，这位81岁高龄的学坛耆宿，应邀赴日本法政大学、爱知大学讲学两个多月，受到日本朋友的普遍欢迎。陈涛同志在85岁高龄之际，以春蚕精神，开始了近千万字的《日汉大辞典》的主编工作。他带病参战，历时5年，终使这部巨著杀青告成，而陈涛这位老人于完稿的当日就住进了医院。

1990年陈涛逝世。《人民日报》发出讣告：中国共产党党员、党的早期革命活动家、我国日语学界的老前辈，对外经济贸易大学日语教授、校学术委员会委员陈涛同志，因病于3月6日在北京逝世，享年90岁。

十五、于文清

于文清（1900—1969），字焕章，吉林辽源（今双辽市）人。1923年考入陆军讲武学堂。曾任东北军营长、团长、旅长、保安司令等职。1940年参与东北军57军内部的"九二二"锄奸救国斗争。此斗争亦称东北军里的"第二次西安事变"，对国民政府高层和军界产生了巨大的震动。1942年率军起义，任八路军111师参谋长。1945年10月赴东北，先后任洮辽支队司令员和辽北军区第一军分区司令员。经西满分局书记李富春、西满军区司令员吕正操介绍，于文清加入了中国共产党，成为中共在双辽县发展的第一名共产党员。1946年3月转入地方，历任辽西和辽吉区行政公署副主任，辽北省政府参议长兼卫生防疫委员会主任、荣誉军人管理委员会主任委员，辽西省人民法院院长等职。

第五编

双辽解放前的城镇基本建设

鸦片战争以后，帝国主义列强争先恐后地在中国划分势力范围，我国东北地区沦为日俄争夺瓜分的对象。双辽的基本建设正是在这种形势下缓慢进行的。

双辽原属蔓草荒烟平沙无垠之境，辽河两岸水草丰盛，偶有牧民游居于此。为了躲避雷雨风雪，牧民在这一地区建了一些简易的草土窝棚。这些窝棚成为较早的建筑之一，虽然简单易建，但作用非同小可，夏天可遮雨避暑，冬天可防雪避寒，便于对牲畜管理，减少损失。

牧民除了建一些窝棚外，还有可供游牧的帐篷，主要材料是木架和牛毛毡子。这种帐篷冬暖夏凉，移动灵活拆装方便，是牧民所喜爱的房舍，也是草原上的主要建筑物。

17世纪中叶，由于战乱和自然灾害，"关内"的一些人饥寒交迫，生活困苦，为了生存，他们背井离乡，逃奔"关东"。时值东北荒野浩瀚，荆棘遍地，汉民三人为伍、四人为伙接踵而来，开荒种地自谋生路，居住则依偎于牧民的牛马窝棚，或自建一些茅草窝棚（时至今日村屯仍沿用"窝棚"或"堡"之俗称）。

康熙年间，当地首领为维护牧区的领地，曾多次颁发禁令，禁止汉人进入牧区开荒种地，但是由于地域辽阔，鞭长莫及，汉民还是陆续进入牧区。

1796 年前后，汉人就流入双辽这一地区。1862 年，趋于事实所迫，当地首领颁布放垦令，允许汉人开荒种地交纳地租。大量汉民流入，此时双辽分布在辽河两岸的村屯已有 100 多个，每个村屯三到五户人家，多则十几户，这时基本建设的表现形式是到处建起一些草土住房，其特点是简单易造，就地取材，房屋低矮窄小、阴暗，多则三间，少则一间。

1881 年，双辽各地的村屯已增至 144 个，总户数达 2900 户，人口约 14000 人，村屯多集中建在辽河两岸平坦开阔地带。如东明乡、王奔乡、新立乡、建设乡等，村屯密集。其他地方则相对分散。

此时郑家屯水陆交通便利，已形成自然街市，商贩云集，各种店铺、商行、手工作坊陆续兴建，已成为民间买卖交易的重要处所，远近村民争相往之。

汉人的大量流入，促进了农业的发展，繁荣了经济，也促进了基本建设的发展。但是这时的基本建设带有自发的原始的特点，官府不投资，也不组织民间有计划地开发利用自然资源，各种发展靠民间自行组织。

在历史上，辽河曾经是重要的水上通道，它为改变双辽原始落后的状态起了非常重要的作用。东西辽河属自然形成，水深河宽，深达四至七米，宽达百米之多，南下可直通营口（约 420 千米），民间往来均以乘船为便，大量的粮食外运均用船只，从外地运来的布匹、食盐、建筑材料等也依赖辽河水运，开发辽河、利用辽河是当时基本建设的重要标志。1902 年，清政府在郑家屯设立州治官府。为了保护航运、建造巡船、维护治安，各商业主纷纷出资，修筑堤岸，开通河道，建造货船，大兴水利。据史料记载，至1910年，东西辽河已有牛皮船580只，槽船470多只，多处设立渡口和装卸码头，辽河上有东龙带、乌兰屯、杨雄堡、陈才船口，均有大小船摆渡，大船可载十几辆马车，小船可乘十几人。在州街外东侧三里处有陈家渡口，设立了装卸码头，舟楫络绎不绝。据查，当时仅郑家屯依靠辽河水运每年运出粮食1300吨，皮毛37吨，运进布匹、食盐、木材、油料达760吨。至1926年铁路通车后，水运有所减少，但当时民间往来过河仍须乘船，雁翎船口（又称官船口）有船户19家、大小船24只，浩力保船口有船6只，张古台船口、大有船口等有船40只。

据《辽源志》载，1903年，州府及当地居民重视道路的开通，组织村民对历史形成的弯曲小路进行修整加宽，使之变成有一定通行能力的道路。1912年，郑家屯通向各地的道路已经四通八达，如郑家屯至双山，郑家屯至法库，郑家屯至内蒙古达尔罕王旗，郑家屯至怀德县，等等，均有大车道（大车即为马车），一到冬秋季节，运输繁忙，车马喧嚣，十分热闹。修整较好的道路是郑家屯至双山的县道，辽源县与双山县相距80华里，两县经济发展及民间往来密切，开通道路十分重要，两处官府每年组织民工大力修整道路，使之路面宽阔平坦，两侧修有排水沟，使大车四季畅通无阻，官民往来便利。据《双山县志》载：于市政者县街通衢，土质松浮大车经过竟成深辙。传谕商民，随时修垫，是以颇称平坦，两旁水沟时加疏浚，雨无积淤之苦，普遍设水桶，分段泼润，晴无起尘之虞，雨则岗位相望秩序井然，夜则路灯照耀，气象森严……从中可知，民国初期这里很注意道路的修缮及卫生的管理。至民国初年，双山至辽源县已能通行汽车。

1913年，日本窃取修筑四平铁路的权力。1915年修筑了"四郑"线（四平与郑家屯）。当时修筑铁路声势浩大，工程艰巨，大量民工昼夜不停修垫路基，逢山开路，遇水架桥，在双辽境内500米跨度的大铁桥就有3座，辽河水量雨季暴涨，民间传说有不少民工死于建桥中。在桥头还修建炮楼，由日本守备队守卫。

郑家屯当时成为重要的停车站和物资供应基地，木料、水泥、铁轨堆积如山。1921年至1923年郑家屯至通辽、至洮南的铁路修通，旅客往来俱增，货运繁忙。据《郑家屯管内概况》记载：1925年，郑家屯输出粮食43 000吨，建筑材料及布匹、纸张等17 000吨，来往乘客20万人次。茂林、卧虎等沿线均修建了车站，建有货运处、候车室、水塔、铁路住宅等，铁路经由双辽境内有120千米，郑家屯成为重要的交通枢纽。日本派驻守备队和宪兵队驻扎郑家屯。

铁路的建成在当时成为日本侵略战争和掠夺东北资源的交通工具。大量的木材、煤炭、农产品源源不断地通过铁路，再经过海运，输往日本。这种基本建设的全部过程，带有侵略与掠夺的特性。

双辽地区的基本建设，并不同步，村落分散，多数处于初期阶段，只限于住房建设，而郑家屯、双山两镇发展较快，镇区建设形成一定规模。

双山镇区较小，但商业建筑沿街两侧繁华，买卖畅通，成为当地贸易中心。据《双山县志》载，1910年设安垦局。1912年建立县治，临街两侧牌坊林立几十户，沿街长二三里，据《双山志》载，宅院清洁，房舍坚固，中十字街为牛马市，北大街东头为柴草市，城内四门设有秽物场，各商门前设有秽物箱，至于摊床，小商都到街衢，总以不碍交通为原旨。1924 年组织民工修筑土围墙，分东、西城门。1935 年，城内有各种建筑 32 栋、1 718 间、34 360 平方米。

郑家屯，1912 年为辽源县县署所在地。这里是辽宁、内蒙古、吉林 3 省交会处，方圆百里的蒙古人、汉人都大车小车满载而来、满载而去，蒙古人多运来皮毛，换回粮食，汉人大多拉来粮食销售，买回布匹、油盐。有时，有骆驼结队而行，悠然自得，颇为壮观。商民在这里广建店铺，沿街两侧商业繁茂，买卖兴隆，各种招牌五花八门。

郑家屯是县府所在地，达官富商集聚在这里，高修门庭宅院，大建公馆和寺庙。全城有四大公馆，占地 3 800 多平方米，引人注目的是吴俊升公馆和辕门，占地 1 200 平方米，并建有暖沟、青石板路等配套设施，当时成为郑家屯的一大象征。还有天主教堂、基督教堂、佛教寺庙等，占地 540 平方米；文庙、老爷庙、城隍庙、关帝庙、娘娘庙、清真寺等，占地 3 500 平方米。最大的庙为城隍庙，为四合院建筑群，占地约 1 500 平方米，建筑面积为 250 平方米，传统式建筑，建于 1909 年，毁于 1967 年。

1925 年日本商人开始在郑家屯建店。据《郑家屯管内概况》记载，1926 年，日本人建店有 11 家，汉人建店 114 家。日式建筑（号称洋楼）增多，如电灯公司、日本领事馆、日本守备队营房等。墙面均由水泥抹面，门庭装修豪华坚固（水泥当时称作洋灰，从日本运来），对传统的中国式建筑给予了冲击。郑家屯两层建筑物的历史从此开始。

郑家屯的基本建设，一开始就处于自发的建设中，各大商号挤占地界，任意划留，没有统一规划，所以市街形成后，道路不规整且弯曲，建筑物参差不齐，沿习惯分为东、西、南、北、中大街等，街短路窄，胡同众多。新市街店铺排列较为整齐，均为大瓦房，系吴俊升开办买卖。最热闹处是南大街，不但商业店铺众多，而且饭馆、茶馆、戏园子、说书唱戏都在这条街，米市、柴市、车马市也设在这里。

郑家屯城区还设有一所医院、一所高等学校，计划修建康德公园但未成形，城南有日本专用飞机场、训练场。1943年，城区方圆约6.5千米，东至"久安门"，西至"边安门"，南至城隍庙，北至铁路线，呈椭圆状不规则扩展。1946年，国民党部队在城区四周强迫民工修筑城墙，城墙底宽7米，高3米，顶宽2米，墙外挖有护城河。

至1947年解放时，郑家屯已建有各类建筑491 575平方米，人口发展到48 600人，居住面积228 600平方米。

郑家屯有水陆码头，交通便利，许多新型建筑材料源源从奉天（今沈阳）、营口一带输入，加之此地商业繁华，物阜民丰，因此在郑家屯镇内集聚着许多奉系亲戚和达官贵人。他们在这里纷纷兴建店铺、房舍，一时间大小商业建筑如雨后春笋，拔地而起。其中，"恒昌源"丝房和"义源大"丝房两家，皆为水泥、瓦石、钢筋浇筑的洋式二层楼房，仿照奉天"德隆号"百货庄和"盖和永"大丝房的建筑样式进行设计和施工的，一改古镇的中式建筑风格，彩斗飞檐，龙脊突起。"恒昌源"丝房建于1926年，迄今已历96年，其建筑外观仍保留当年之风采。

吴大帅府，系奉系军阀吴俊升所建。1909年吴俊升任后路巡防队管带时，开始筹备资财，1910年在北街（吴辕门旧址）开始建筑青砖瓦大瓦房四合院一座。这座建筑占地面积小，但从奉天请来的工匠，设计新颖，施工精致，使之成为当时郑家屯建筑群中的佼佼者。1921年吴俊升任黑龙江省督军后，将四合院扩展为三进多层建筑，又在四周建看楼岗亭。1925年，开始兴建院宅外围和巨大辕门。此辕门完全仿照奉天督军张作霖的帅府辕门，青石作底，方石起拱，板石铺地，并在方石之上雕刻人兽花鸟。房屋建筑一律为龙脊，占地面积千余平方米，成为民国年间郑家屯规模最大的建筑。

从民国初年开始，郑家屯公馆林立。当时郑家屯镇内著名的公馆有4座，即鲍公馆（奉系鲍贵卿之子的住宅）、石公馆（吴俊升之妻弟石德山的私宅）、靖公馆（伪县长靖国儒的住宅）、周公馆（吴俊升亲戚周志极的住宅）。这4座公馆在当时的小镇上建筑水平是一流的，飞檐走脊，雕梁画栋，内室至院，曲径回廊，主要建筑的外表，注重修饰，檐头照壁，皆有花卉及仙人兽图案。此4座公馆均已拆除。

主要参考文献

［1］ 陈述.契丹社会经济史稿［M］.北京：生活·读书·新知三联书店，1963.

［2］ 房维中，金冲及.李富春传［M］.北京：中央文献出版社，2001.

［3］ 黄克诚.黄克诚自述［M］.北京：人民出版社，1994.

［4］ 李桂芝.辽金简史［M］.福州：福建人民出版社，1996.

［5］ 罗印文.邓华将军传［M］.北京：中共中央党校出版社，1995.

［6］ 吕正操.吕正操回忆录［M］.北京：解放军出版社，1988.

［7］ 吕正操.吕正操将军自述［M］.沈阳：辽宁人民出版社，1997.

［8］ 佟冬.中国东北史［M］.长春：吉林文史出版社，1987.

［9］ 魏连生.双辽县志［M］.北京：中国青年出版社，2000.

［10］ 中共吉林省委党史研究室.中国共产党吉林历史：1921—1949 第1卷［M］.北京：中共党史出版社，2021.

附录：文物精选

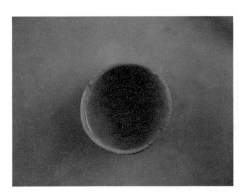
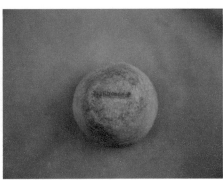

图1　指甲纹陶钵（青铜时代）

图2　刻划几何网格纹壶形陶鼎（青铜时代）

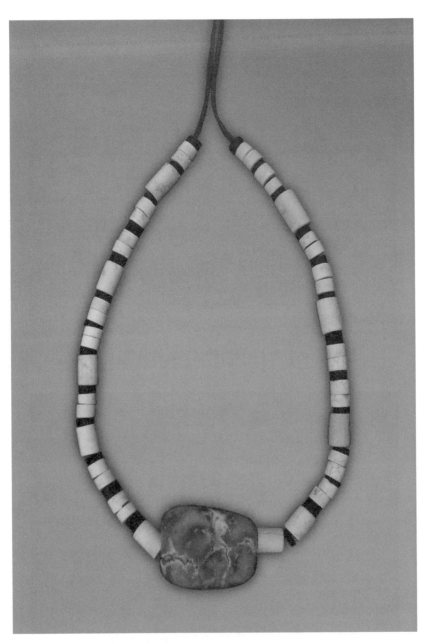

图3　石串饰（青铜时代）

图4　单耳陶钵（青铜时代）

图5　直颈陶壶（汉）

图6 素面陶壶（青铜时代）

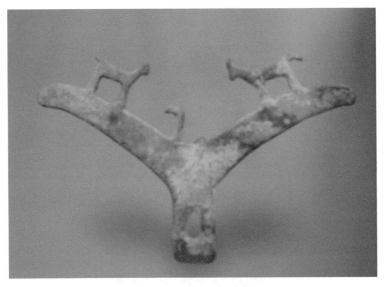

图7 丫形铜饰件（青铜时代）

图8　篦点纹筒形罐

图9　篦齿纹灰陶壶（辽）

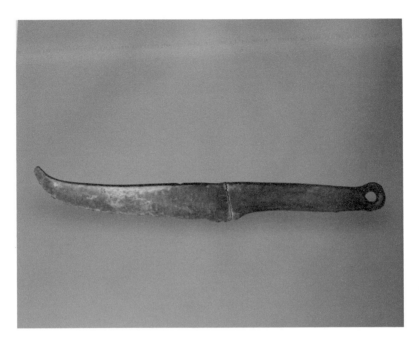

图10　铜刀（青铜时代）

图11　铜双马饭饰牌（青铜时代）

图12　铜牌饰（青铜时代）

图13　人物故事三彩砚（辽）

图14　双鲤鱼铜镜（辽）

图15　暗弦纹灰陶罐（辽）

图16　龙纹铜牌饰（辽）

图17　人物故事铜镜（金）

图18 鸾鸟海兽葡萄纹铜镜（金）

图19 征行万户铜印（金）

图20　抄手陶砚（宋）

图21　错金铁质降魔杵（元）

图22　宣德款凤耳铜香炉（民国时期仿明）

图23　鎏金铜佛像（民国）